The Path to Common Prosperity

走向共同富裕之路

万海远 ◎著

人民出版社

策划编辑：郑海燕
封面设计：吴燕妮
责任校对：周晓东

图书在版编目（CIP）数据

走向共同富裕之路/万海远 著. —北京：人民出版社，2022.1
ISBN 978－7－01－024413－6

Ⅰ.①走… Ⅱ.①万… Ⅲ.①共同富裕-理论研究-中国 Ⅳ.①F124.7

中国版本图书馆 CIP 数据核字（2021）第 276075 号

走向共同富裕之路
ZOUXIANG GONGTONG FUYU ZHI LU

万海远　著

人民出版社 出版发行
（100706　北京市东城区隆福寺街 99 号）

中煤（北京）印务有限公司印刷　新华书店经销

2022 年 1 月第 1 版　2022 年 1 月北京第 1 次印刷
开本：710 毫米×1000 毫米 1/16　印张：16
字数：200 千字

ISBN 978－7－01－024413－6　定价：80.00 元

邮购地址 100706　北京市东城区隆福寺街 99 号
人民东方图书销售中心　电话 （010）65250042　65289539

序　言

　　共同富裕是社会主义市场经济的本质要求,是我们党为人民服务的宗旨。改革开放初期,邓小平同志提出一部分人和一部分地区先富起来,通过先富帮后富,最终实现共同富裕。2013年我在《不平等挑战中国》一书中提出,推进共同富裕既是我国经济结构调整的主要举措,也是维护社会中长期稳定的重要环节,更是坚定社会主义政治信仰的群众基础。中央关于"十四五"规划和2035年远景目标的建议提出到2035年"全体人民共同富裕取得更为明显的实质性进展"。中央强调提出共同富裕之后,社会各界反响热烈,理论界也出现了探讨共同富裕的热潮。近期,我参加了几个座谈会,对如何理解共同富裕、怎样实现共同富裕讨论得比较激烈。这里涉及的问题很多,有的是学术问题,如过高收入群体如何界定? 有的是政策性问题,如是否开征房地产税、遗产赠与税? 有的则涉及深层次意识形态问题,如搞市场经济能否达到共同富裕? 可以说在诸多问题上都有激烈争论。

　　关于共同富裕应达到的目标,之前意见就很不一致。一种意见认为共同富裕的前提是富裕,还没富裕就谈共同,那不是共同贫穷吗? 怎样才能富裕呢? 还是要研究如何保持经济快速增长,要研究如何促进就业、如何有效投资、如何平衡国际贸易、如何保持物价稳定,还有金融怎样充分发挥促进实体经济的作用、产业结构如何调整、产学研如何促进创新等,这样就把"十四五"规划和 2035 年远景目标的主要内容都包括进来了。《中共中央 国务院关于支持浙江高质量发展建设共同富裕示范区的意见》涉及面确实很宽，不仅有物质层面的共同富裕，还有精神层面的共同富裕。这样讨论共同富裕，就把创新、协调、绿色、开放、共享发展都囊括进来了，涵盖政治、经济、社会、文化、生态等所有方面。

我个人认为，当前我国面临的迫切问题是收入分配差距过大，实现共同富裕的主攻方向应该是缩小收入分配差距。《中共中央 国务院关于支持浙江高质量发展建设共同富裕示范区的意见》明确提出以解决地区差距、城乡差距、收入差距问题为主攻方向。从缩小收入分配差距的角度，可以对实现共同富裕提出一些明确要求，如基尼系数、泰尔指数、五等分法等衡量的具体目标，若到 2050 年这些主要指标基本都实现了，就可以说我们初步构建了共享社会并基本达到共同富裕。关于实现共同富裕的路径，有的认为应先把人均 GDP 提到美国当前的水平再说共同也不迟。我从来不赞成这类说法。那种认为随着人均 GDP 提高，依照库兹涅茨倒"U"型曲线收入分配差距自然缩小的理论已被证伪。总结中外各国的历史经验，不管人均 GDP 是多少，贫富差距过大多将导致社会大动乱。斯巴达克斯起义时人均 GDP 是多少？巴黎公社起义时人均 GDP 是多少？陈胜、吴广、李自成起义时人均 GDP 又是多少？可见，在任何经济发展阶段，收入分配差距过大，"朱门酒肉臭，路有冻死骨"都是不可持续的。

当然，我也不赞成以"杀富济贫"的方式来实现共同富裕。我认真地上网查了，但没找到哪个人提出这个理论，似乎批判"杀富济贫"有点无的放矢。其实不然，我们都感受到这种舆论氛围的弥漫。19 世纪 70 年代，俄国十月革命前曾兴起过民粹主义，赫尔岑、车尔尼雪夫斯基等大思想家是当时民粹主义的代表人物，普列汉诺夫也曾是民粹运动的积极参与者,后来他转而批判民粹理论。回顾各国历史,一般情况下社会两极分化极易滋生民粹主义。我国收入分配差距持续保持较高水平,近年来虽有回落,但基尼系数仍一直在 0.46 左右高位徘徊。扬汤止沸莫如釜底抽薪,在缩小收入分配差距方面实实在在地取得明显进展,则滋生民粹主义的社会经济基础就会逐渐消融瓦解。

应当充分肯定,改革开放以来,我们借鉴发达市场经济国家的经验和教训,结合中国实际情况,经过艰辛探索,初步构建了社会主义市场经济分配制度。2019 年,党的十九届四中全会通过的《中共中央关于坚持和完善中国特色社会主义制度　推进国家治理体系和治理能力现代化若干重大问题的决定》,将"按劳分配为主体、多种分配方式并存"的分配制度与"社会主义市场经济体制""公有制为主体、多种所有制经济共同发展"并列,上升为社会主义基本经济制度。实践证明,按劳分配为主体、多种方式并存的分配制度极大地调动了企业和职工的积极性,为我国经济持续高速增长提供了一个基础性平台,这是我们要长期坚持的。同时也应看到,在分配领域,不平衡的问题日益突出、不充分的问题依然存在。在迈向共同富裕的道路上,如何进一步深化分配制度改革,构建初次分配、再分配和三次分配协调配套的收入分配体系,是一个新的重要挑战。

初次分配、再分配和三次分配,这三个层次的分配制度之间既有紧密的有机联系,又各自遵循不同的原则。一次分配是基础,在社会主义市场经济条件下,市场对资源配置起决定性作用,劳动、土地、资本、技术以及管理和数据等要素都应由市场配置,并各自按贡献取得回报。二次分配是建立在一次分配基础之上,如果没有社会各阶层充裕且合理合法的一次分配收入,国家就难以建立规范的包括社会保障、税收和财政转移支付等二次分配制度。三次分配应当激励和引导高收入群体增强社会责任感,积极自愿地参与和兴办社会公益事业,更是要以初次分配和再分配为基础。我们可以设想一下，如果初次分配还搞企业吃国家的"大锅饭"、职工吃企业的"大锅饭"，平均主义盛行，就谈不上三次分配。概括地说，初次分配重在调动社会各阶层市场竞争的积极性，让一切能够创造财富的源泉都充分涌现出来。再分配重在公共政策和基本公共服务均等化，校正市场的"马太效应"，为社会稳定和经济可持续发展奠定坚实基础。三次分配重在慈善公益事业，让经济发展成果更好地惠及全体国民。这三个层次的分配制度不可顾此失彼，应当根据经济社会的不同发展阶段进行调整组合。构建各有侧重又内在关联的三层次分配体系，是实现共同富裕的基础性平台。

三次分配在我国还处在起步阶段，人均捐款与发达国家相比还有较大差距，从国际经验看，如果没有遗产税、赠与税等税种，仅靠宣传号召、道德感召，三次分配很难规范地快速发展起来。我认为，有了遗产税、赠与税的平台，同时给予慈善事业和其他社会公益事业的税收优惠，建立有利于慈善组织健康发展的体制机制并加强监督管理，以自愿为基础的三次分配才能更加充分地得到发展。但我国是否应开征遗产税、赠与税等税种，至今理论界仍然存在不少争论。

正当经济理论界激烈讨论如何正确理解共同富裕、如何界定共同富裕、怎样实现共同富裕之际，万海远教授出版了《走向共同富裕之路》一书，回顾了我国共同富裕理论和实践的发展历程，总结了我国共同富裕的变化特征，诠释了中国特色的共同富裕理论，全方位研究了新时期中国特色共同富裕的时代定位、目标方向、内涵体系和指标评价，并细致讨论了到2050年基本实现共同富裕远景目标的时间表和路径图。本书以中国从城乡二元经济向现代工业服务业一元经济、从计划经济体制向市场经济体制的双重转型为背景，构筑中国特色的发展与共享理论分析框架，阐明共同富裕领域的诸多基础性重大问题。本书基于对我国经济实践的现实观察和中国特色共同富裕的内涵探讨,为进一步思考经济社会改革提供了独特视角。全书内容丰富、资料翔实、学术性强,对当前共同富裕的理论研究有较大的参考价值。该书还尝试构建共同富裕的监测指标体系,分析了共同富裕的长期变动趋势,深入研究了我国共同富裕的决定性因素并引申到公共政策讨论上,从而为政策设计提供重要参考。

我相信这本专著的出版将为当前理论界关于共同富裕的研讨添加一道亮丽的色彩,也希望社会各界关于共同富裕的讨论更加深入,为我国在2035 年全体人民共同富裕取得实质性进展提供理论依据,而 14 亿多人口的大国实现共同富裕,也将为人类文明的发展进步拓展更加光明的前景。

宋晓梧

2021 年 10 月 26 日

目　　录

导　　论

共同富裕是社会主义的本质要求,是中国式现代化的重要特征。实现共同富裕不仅仅是经济问题,而且是关系党执政基础的重大政治问题。当前我国进入新发展阶段,党中央强调扎实推动共同富裕是百年大计,是建设社会主义现代化强国不可或缺的组成部分。推进共同富裕是经济结构调整的主要举措,是维护社会稳定的重要环节,是坚定政治信仰的群众基础。实际上,许多国家也曾提出过类似的共享繁荣理念,但像中国这样明确把共同富裕放入国家远景目标中分阶段扎实推进的国家并没有。党中央明确指出,共同富裕具有鲜明的时代特征和中国特色,是全体人民通过辛勤劳动和相互帮助,普遍达到生活富裕富足、精神自信自强、环境宜居宜业、社会和谐和睦、公共服务普及普惠,实现人的全面发展和社会全面进步,共享改革发展成果和幸福美好生活。

在百年未有之大变局下,近年来国际环境发生了重大变化,全球不平等问题突出,一些国家贫富分化,中产阶层塌陷,导致社会撕裂、政治极化、民粹主义泛滥。[1] 在全球收入差距不断扩大的背景下,许多国家出现了不同形式的社会运动,居民要求更多福利、更高共享的声音日渐突出,社会福利思潮回归迹象明显,目前世界范围内已进入共享发展的关键时

---

① 习近平:《扎实推动共同富裕》,《求是》2021 年第 20 期。

期。在我国全面建成小康社会、实现第一个百年奋斗目标之后，我们乘势而上开启全面建设社会主义现代化国家新征程、向第二个百年奋斗目标进军，现在到了扎实推动共同富裕的历史阶段。共同富裕不仅是国家长治久安的根本保证，也是人民群众的共同期盼。为更好满足人民日益增长的美好生活需要，必须把促进全体人民共同富裕作为为人民谋幸福的着力点，不断夯实党的长期执政基础。

党的十九届五中全会对扎实推动共同富裕作出重大战略部署，并提出到 2035 年共同富裕取得更为明显的实质性进展、到 2050 年基本实现共同富裕的远景目标。党中央在新发展理念下强调共同富裕目标，并明确具体的时间表，说明这对于经济社会发展全局的重要性，说明党中央把共享发展摆在一个前所未有的高度，代表新时期国家改革发展转型的重要标志。在全球化时代，人民福祉逐渐成为制度竞争优势的重要内容，而共同富裕又是社会主义优越性的集中体现，因此为适应全球趋势和国家竞争大势，也需要我们主动提出共同富裕的现实要求。当前，我国进入民生保障体系建设的关键时期，对民生福祉提出更高要求，因此要不断改善民众生活水平、提升社会公平，从而高质量践行社会主义制度优越性。

共同富裕是经济社会发展的现实要求，是经济结构性改革的重要手段。在加快构建以国内大循环为主体、国内国际双循环相互促进的新发展格局下，让发展成果更多更公平惠及全体人民，不仅是增强人民群众获得感、幸福感、安全感的根本来源，更是提升经济发展潜力、稳定经济增长动力、优化经济结构的根本战略。不均衡发展不仅会制约中低收入群体的消费能力，带来企业产品滞销、产出能力见顶，容易导致产能过剩、供需两端不匹配等结构性矛盾，并可能成为生产、消费、分配、流通等国民经济循环的突出堵点。从坚持问题导向出发，当前宏观经济重大任务就是要从供需两侧视角来畅通国内大循环，这可以通过推进共同富裕来夯实高质量发展的动力基础。通过更高水平民生保障来刺激居民消费,拉动企业产品需求,带来企业经营状况改善,并反过来促进劳动就业,激发个体创新与创业潜能,提升经济增长潜力并增加社会活力,由此实现国民经济的长期、稳定和可持续增长。

中国共产党领导下的共同富裕,体现人的全面发展和各个主体的自我发展,是回应全体人民共享需求和体现以人民为中心的过程。中国特色共同富裕是通过人的全面发展来实现,是包括精神文明在内的全面富裕,而不是西方国家通过简单福利转移的方式来实现单维度的结果富裕。中国特色共同富裕非常重视机会公平和发展能力提升,并兼顾发展结果的相对平等,而不是有的国家仅注重过程富裕而不关注结果共享。我们鼓励创新创业,通过工业化、城市化和信息化道路,激发资本活力和投资动力,同时也高度关注技术进步所带来的创造性破坏,重视产业结构背后的包容性增长。中国特色共同富裕要求在发展中保障和改善民生,坚持以发展带动全体人民致富增收,要求在发展中推进共享,并通过共享来进一步推动发展,从而高质量实现共同富裕远景目标。

当前我国社会主要矛盾已经转化为"人民日益增长的美好生活需要与不平衡不充分发展之间的矛盾",这需要进一步把握新发展阶段,贯彻新发展理念,构建新发展格局,在高质量发展道路上持续推进共同富裕,推动效率与公平实现新的平衡。共同富裕以高质量发展为基石,是效率与公平、发展与共享的辩证统一。这既要求稳定发展,也同时要求注重发展的平衡性、协调性、包容性。当前,我国居民收入差距仍然较大,城乡间、区域间和人群间发展差距相对明显,部分地区居民生活仍亟待提高,这是新阶段推进共同富裕的最大"短板"之一。尤其是我国不同地区处在不同发展阶段,在"从无到有、从有到富、从富到均"的发展道路上,有些地区发展整体相对滞后,有些地区则已明显超过可及性而进入高水平共享的发展阶段。这就要求全国范围内要明确各省发展阶段,找准各地区总体功能定位,以不同形式合力推进全国"一盘棋"的共同富裕目标。

共同富裕是国民经济发展格局的重要组成部分,是推动经济高质量发展和社会平稳运行的重要保障。在促进共同富裕的所有工具箱内,主要还是通过市场化初次分配来实现,再辅之以二次分配和必要的三次分配手段。初次分配也需要体现公共政策力量,但绝不是直接的行政干预,而是要体现市场在资源配置中的决定性作用。二次分配是各国政策手段的主体,可以起到明显改善收入分配的效果,但不可能完全改变初次分配格局。三次分配作为宏观调控的必要组成部分,需要补充这支不可忽视的力量,但绝不是要成为推进共同富裕的最主体来源。共同富裕是共建共享的过程,是通过辛勤劳动、合法经营、充分高质量就业来实现的,而不是通过劫富济贫、简单财富再转移来实现的。推进共同富裕主要依靠各类企业的积极性和创造力,通过撬动资本活力支持经济增长,促使国民经济走向共同富裕道路。我们是在依法治国背景下来合理调节过高收入,是在保护私有资本和民营企业合法财富的基础上来鼓励企业或个体的主动分配,体现政策激励和引导下的自愿性原则。

本书在学习习近平总书记关于共同富裕问题重要论述精神的基础上,围绕什么是共同富裕、怎么实现共同富裕这一问题,开展了相关专题研究。从理论与实践、国际和国内、历史与现实相结合的视角,本书综合经济和社会、定性和定量、文献和案例等多角度进行分析,侧重讨论政策工具和相关措施以更好地助推共同富裕。本书定位不是纯学术理论研究,而是现实的政策应用研究,属于典型的对策性分析,故对学术研究中的因果推断着墨较少,而侧重研究中国推进共同富裕所面临的现实问题、政策挑战及如何应对等方面,希望对相关政策制定有所帮助。通过全面的分析研判,本书就实现共同富裕的方向目标、时代定位、进展评价、途径方法、政策措施等重要问题进行分析。在把握共同富裕的内涵基础上,本书建立共同富裕的量化标准及指标体系,厘清实现共同富裕的任务路径,分析推进共同富裕的措施进程,细化通往共同富裕的时间表和路线图,研究更好推进共同富裕的政策框架,提出扎实推动共同富裕的具体举措和对策建议。

第一章强调共同富裕是社会主义的本质特征,因此专门加入中国特色共同富裕的理论论述。按照时间顺序,最早从马克思主义劳动价值论和剩余价值论出发,它科学揭示了资本主义必然走向两极分化的规律。之后从1978年改革开放以后,我国发展的宏观指导理论就是公平效率理论,既要公平又要效率、优先效率也体现公平的提法成为国家战略,这推动我国改革开放四十多年的高速增长和收入差距的逐渐扩大。在党的十八大之后,中央把共享作为国民经济社会发展的五大发展理念之一,由此进一步升华发展与共享、以共享促发展等理论。在党的十九大之后,针对国际和国内两个大局,在如何解决城乡区域不平衡不充分方面,中国特色社会主义政治经济学又进一步提出了高质量发展理论,通过合理平衡供给和需求、有效利用国际和国内两个市场、高质量平衡经济和社会发展等,来推进国家向共同富裕远景目标不断靠近。

第二章在归纳理论和实践、历史和现实关于共同富裕的理论基础上,在分析人类共享发展历史方位的基础上,在综合国民经济社会核心进展的基础上,站在开启社会主义现代化新征程的高度,提出新发展阶段推进共同富裕的时代定位,归纳总结当前促进我国共同富裕的新情况、新问题和新挑战,指出未来推动共同富裕要注意的几个主要方面。

第三章进一步细化我国共同富裕的基本内涵,结合历史上形成的关于共同富裕的几个底线共识,提炼共同富裕核心内涵、构建共同富裕量化体系。从公平与效率、发展和共享的理论框架出发,本章从总体富裕和共享富裕的结果导向角度,量化了中国特色共同富裕的理论内涵。

第四章进一步构建了具有中国特色且能广泛应用的共同富裕量化方法,讨论了相关技术假定和数理表达,分析了共同富裕的指标维度、函数关系式、变量标准化等带来的结构性影响,检验了单调性、一致性和同质性等公理化准则,并基于实际数据进行了实证应用,由此为扎实推动我国共同富裕提供量化参考。

第五章分析推进我国共同富裕的主要挑战,讨论影响共享发展的主要政策工具。在面板数据缓解内生性问题的基础上,进一步分析推动共享繁荣的政策手段,研究推进我国共同富裕的制度着力点,明确未来政策重点并提出具体对策建议,以推进我国共同富裕目标取得更为明显的实质性进展。

第六章进一步细化提出我国省级层面共同富裕的过程监测方法,分析各省在推进共同富裕中存在的主要"短板"和政策方向。本章将共同富裕区分为物质福利、基本公共服务、人的发展及精神文明四个横向维度,并根据"从无到有""从有到富""从富到均"的设计理念,将共同富裕区分为可及性、富裕性和共享性三种纵向功能。基于以人民为中心、以政策为导向、全流程体现共同富裕的原则,构建了包含84个指标的共同富裕监测体系。虽然我国总体上超越了可及性发展阶段,但富裕性和共享性还有很大的提升空间。当前,我国已进入更加注重共享的历史阶段,但经济高质量发展和包容性增长仍是推进共同富裕的根本手段。建议要全国"一盘棋"统筹推进,根据可及性、富裕性与共享性原则,找准各省功能定位和政策任务,不能分城乡、分省份来独立推进,不能出台超越自身发展阶段的政策措施,要在全国"一盘棋"战略下阶梯式、差异化推进总体共同富裕目标。

第七章结合对共同富裕的理论争鸣和中国特色共同富裕的本质理

解,使用文献比较方法,评述了我国进入新发展阶段推进共同富裕的重大方向性问题,归纳新时期促进共同富裕的重大制度安排和战略方向,总结推进共同富裕的关键政策和实施手段,并为实现我国共同富裕远景目标提出政策建议。

第八章提出扎实推进共同富裕的总体思路和具体对策。在进入实质性推动共同富裕阶段下,需要制定政策、明确路径、细化实施方案来推动共同富裕,澄清共同富裕的实现路径、细化共同富裕的行动方案。本章侧重归纳促进中国特色共同富裕的制度安排,提出新时期推进共同富裕的关键政策和实施工具,并为实现共同富裕目标提出具体建议。

从写作框架和分析逻辑方面看,本书秉持从中国特色社会主义理论分析开始,观察推进我国共同富裕的特色优势、所处的历史方位,同时分析实现中国特色共同富裕所应坚持的制度方向。在此基础上,从结果导向出发,量化中国特色共同富裕的核心内涵和指标体系,提炼相关政策措施。之后,进一步以国内省级行政单位为研究对象,在坚持全国"一盘棋"战略统筹下,监测分析各省在推进全国共同富裕的功能定位和政策方向,找到各地促进共同富裕所面临的主要挑战和迫切任务。接着,从现实问题导向出发,坚持以我为主的方式,根据我国推进共同富裕过程中的主要挑战,针对性地寻找各地解决不平衡不充分问题的相关措施,并提出需要防范的警示教训。之后,进一步聚焦当前中国特色社会主义的重大制度和政策应用,针对性地回应目前有关政策手段和落实措施。最后,基于国际和国内、理论和政策、历史和现实等多维视角,综合提出推进我国共同富裕的总体思路和相关政策建议。

第一章　中国特色社会主义的
共同富裕理论

马克思很早就已论证了资本主义必将走向两极分化的结论,认为共同富裕是社会主义的本质特征。自从以库兹涅茨倒"U"型假设为代表的收入分配讨论出现后,经济学研究范式发生了重要改变,功能性分配逐步让位于规模性分配的研究范式。① 自从以经验分析为典型特征的研究占据西方经济学主流后,不平等的相关研究也逐渐远离西方经济学中心,资本主义国家关于共享繁荣或收入分配的理论研究也乏善可陈。

结合中国相关的研究来看,理论研究进展也相对缓慢。中国过去四十多年收入差距水平表现出扩大趋势,虽然这种扩大与经济发展、体制改革和政府政策分不开,但是我们并不十分清楚这些因素通过何种机制发生作用。② 因此,在理论上仍需要进一步探讨中国经济发展过程中共同富裕变化的规律性,及其背后的主导性影响因素。特别是考虑到中国经济发展与转型过程的特殊性和复杂性,以及中国特有的制度性因素,库兹

---

① 在现代经济学研究文献中,规模性研究范式主导着收入分配问题研究,它把社会中每个家庭或个人看作获得收入的个体,并考察个体之间收入差距的大小或者收入分配的均等化程度。一系列有关收入差距的测量指标,如洛伦兹曲线、基尼系数、泰尔指数等,为这种研究范式提供了分析工具和手段。

② 李实:《中国个人收入分配研究回顾与展望》,《经济学季刊》2003 年第 2 卷第 2 期;李实、赵人伟:《中国居民收入分配再研究》,《经济研究》1999 年第 4 期。

涅茨倒"U"型假说还没有获得可信的经验验证[1]，皮凯蒂的资本积累观点明显是针对资本主义世界的，同时目前也没有其他模型能够给予令人信服的解释。

总体来看，我国共享发展研究领域的一个明显弱项，是缺乏一个规范化的理论模型来解释近年来贫富差距变动的内在逻辑，难以在扩大和缩小的影响因素中找到未来共同富裕的变动规律。[2] 不过在中国特色社会主义市场经济实践中，我们确实取得了史无前例的总体财富增长。与此同时，也经历了持续较高的贫富差距，近年来又提出了一系列以共享理念为基础的发展模式，确立了高质量发展为目标的经济社会发展方向，探索出了与西方国家明显不同的发展理论。诸如在发展中推进共享、通过共享来进一步促进发展、坚持发展和共享兼容的包容性政策，还有以促进平衡性、协调性带动国内大市场、促进经济更加包容的高质量发展模式等。从这个角度来看，我们通过中国特色社会主义市场经济体制改革实践，确实也可以总结出若干关于共同富裕的理论模式。

第一节　劳动价值论

一、劳动价值论内涵

马克思认为，资本主义国家的发展理论都是从实际物质占有角度来分析，没有涉及根本性生产关系层面，也没有涉及关于价值来源及其分配

---

[1]　李实：《中国个人收入分配研究回顾与展望》，《经济学季刊》2003年第2卷第2期。

[2]　李实：《中国个人收入分配研究回顾与展望》，《经济学季刊》2003年第2卷第2期。

的功能性分配方面。马克思的劳动价值论从根本上否定了资本创造价值,通过资本剥削劳动的剩余价值理论,开创了功能性收入分配理论的先河。在 19 世纪马克思《资本论》的创作期间,西方社会关注的焦点是资本主义的长期演变趋势,以及是否会出现另一种社会制度取而代之的问题。与这种论争相呼应的是功能性收入分配的研究范式,在这一范式下,资本、土地和劳动都是生产要素,都具有生成收入的功能,收入分配应该重点考察全社会的价值创造来源问题,应考察国民收入在三种生产要素之间如何分配。①

马克思的剩余价值论认为,劳动是价值的唯一源泉,资本是通过剥削劳动的方式而实现了财富占有。资本家为了加强对工人的剥削、赚取更多的剩余价值,主要采用两种方式。一是强迫工人绝对地延长劳动时间,或者在规定时间内绝对地提高劳动强度,由此绝对地增加剩余劳动价值,并归资本要素所有。二是通过技术进步或生产方式改进,缩短企业生产的必要劳动时间,缩短工人再生产劳动力价值的时间,从而相对地延长剩余劳动时间,并让资本获得更多的剩余价值。② 但不管是哪种方式,马克思的剩余价值论都认为,资本家为了赚取更多利润,会更大比例地吸取劳动创造的价值,劳动和资本的不平衡关系会越来越大。

马克思的劳动价值论认为,剩余价值本来就是工人劳动的产物,应归工人所有,但是却被资本家凭借对企业的所有权而无偿占有,这种对劳动剩余价值的剥削,会使资本家掌握越来越多的财富。随着资本主义的进一步发展,资本占有社会收入的份额会不断上升,社会生产方式会不断出现资本集约化,即资本有机构成不断提高,而劳动收入份额会

---

① 李实、万海远:《〈21 世纪的资本〉与中国》,《东方早报》2014 年 6 月 10 日。
② 邹东涛:《也要深化对剩余价值理论的认识》,《天津社会科学》2002 年第 3 期;张永红:《马克思的休闲观及其当代价值研究》,中南大学 2010 年博士学位论文。

不断下降,整个社会的两极分化就不可避免。① 所以,马克思的剩余价值论对资本主义世界的预言是悲观的,认为这终将会走向两极分化的道路。

二、资本主义的两极分化

在资本主义的过往历史中,持续存在经济社会地位世袭传承的现象,只是在不同时期呈现出不同的表现形式。19 世纪前,这种世袭传承比较彻底,贵族、皇室和帝王的世袭制度直接决定了贫富差距的代代相传。之后,资本主义引入了市场经济体制,更是充分激发了资本要素的活力,从而在资本主义发展史中,市场手段使资本家的财富地位薪火相传。② 只是在 1914 年之后,随着第一次世界大战逐渐瓦解、削弱了资本主义的资本存量基础,工会运动、反战措施和人口快速增长削弱了资本扩张性,资本回报比率经历了之后约六十年的缓慢下降,贵族地位的代际传递也稍有弱化。③

不过,当资本的活力得以保存和充分展现之后,资本的贪婪和缺乏限制等特点也将再次迸发,在缺乏财富再分配的强力调节政策下,再一次造就了新时代下的资本贵族制度,资本主义的代际流动性也再次固化。平均来看,上一代遗产占当期财产总量的比率从 1914—1970 年的 5% 上升到 2013 年的 20% 左右,与 19 世纪中期最高的 25% 相差无几。④ 甚至在号称民主化典范的英国、法国和德国,目前社会总财产中依然有超过

---

① 李实、万海远:《〈21 世纪的资本〉与中国》,《东方早报》2014 年 6 月 10 日。

② 李实、万海远:《〈21 世纪的资本〉与中国》,《东方早报》2014 年 6 月 10 日。

③ Piketty T., G. Zucman, "Capital is Back: Wealth-income Ratios in Rich Countries 1700—2010", *Quarterly Journal of Economics*, Vol.129, No.3, 2014, pp.1155−1210.

④ 李实、万海远:《〈21 世纪的资本〉与中国》,《东方早报》2014 年 6 月 10 日。

23%的比例来自遗产,这与百年前的旧欧洲大致相当。① 所以说,西方国家财富代际传递下降只是一个偶然现象,真正的常态是持续的资本和财富世袭传承,这最终会让资本主义社会根本无法正常运转。

总的来看,1914—1970年资本回报率的下降,仅仅是因为两次世界大战、严重的经济衰退和高税率侵蚀了资本回报,从而使经济产出率高于资本收益率。而在其他时期内,资本在生产要素收益的争夺中基本上处于完胜状态,财产回报率越来越高于实际的产出增长率。② 如果资本收益率稳定地高于劳动份额,那么西方国家贫富差距的持续拉大就不可避免,甚至过去一直强调的通过教育等手段以缩小差距和减弱财富代际传递的政策主张,也会变得越来越不能奏效,因为教育等公共政策带来劳动生产率的提高终究无法超越资本收益率。③ 这样看来,西方国家试图通过教育、医疗和社会福利等来提高公平的做法,在阻止社会分配不均上所起的作用会大打折扣,依然无法实现马克思所提出的共同富裕目标。

三、社会主义共同富裕的优势

社会主义的本质,是解放生产力,发展生产力,消灭剥削,消除两极分化,最终达到共同富裕。④ 与资本主义剥削劳动剩余价值不同的是,社会主义强调全民所有,强调以共建共享来实现高水平的共同富裕。从理念上讲,社会主义共同富裕就是要达到自由人的联合体,每个人的自由发展

---

① Piketty, T. Alvaredo F., Garbinti B., "On the Share of Inheritance in Aggregate Wealth: Europe and the USA", 1900—2010", *Economica*, Vol.84, 2017, pp.237-260.

② Piketty T., G. Zucman, "Capital is Back: Wealth-income Ratios in Rich Countries 1700—2010", *Quarterly Journal of Economics*, Vol.129, No.3, 2014, pp.1155-1210.

③ 李实、万海远:《〈21世纪的资本〉与中国》,《东方早报》2014年6月10日。

④ 《邓小平文选》第三卷,人民出版社1993年版,第373页。

是一切人自由发展的前提条件。共同富裕思想,就是要在资本社会化以后重建个人所有制,实现自由人联合体的经济基础。社会主义始终坚持经济社会发展的高标准初心,大方向上还是《共产党宣言》里所确立的自由人的联合体,这是中国共产党人始终不变的初心,因此也是中国特色社会主义长期坚持的目标。

我国实行社会主义市场经济体制,主张以按劳分配为主,同时多种要素也参与分配的基本经济制度。既然问题的根源在于资本追求利润的天性及其带来的高回报率,那么解决问题的根本出路就在于平衡资本和劳动要素的回报。① 当时马克思的观点是要消灭资本、消除剥削、废除资本私人所有制。不过我们在马克思主义中国化过程中,在社会主义初级阶段也结合国情进行了制度创新,主张以按劳分配为主体,但也允许资本、土地、数据等要素也参与到分配中来。我们鼓励资本的创造力,但同时也很关注资本回报率上升所带来的破坏力。对于已经先富起来的群体,我们主张用先富带后富的形式,让更多群体共享国家发展红利,同时也主张对异常集聚的财富水平进行必要的调节,从而保持资本与劳动要素回报的相对平衡,并助推全体人民实现共同富裕。

第二节　公平与效率理论

一、理论发展阶段

邓小平同志指出,走社会主义道路就是要逐步实现共同富裕。② 应

---

① 李实、万海远:《〈21世纪的资本〉与中国》,《东方早报》2014年6月10日。
② 《邓小平文选》第三卷,人民出版社1993年版,第373页。

该说,共同富裕本质上包含大多数人理解的效率和公平两个方面,"效率"主要体现为国民经济增长的"总体富裕","公平"主要体现为居民收入分配的"共享富裕",分别对应于经济的稳定增长和收入的合理分配,因此使用"公平"与"效率"的理论框架来理解共同富裕是合适的。

我国在大力建设中国特色社会主义过程中,围绕着效率与公平的关系,对效率与公平的政策方向进行不间断战略性调整,总体经历了"兼顾效率与公平""效率优先、兼顾公平""更注重社会公平""更有效率、更加公平""体现效率、促进公平"等发展阶段。① 从我国四十多年改革开放的实践历史可知,共同富裕是既要公平又要效率的集中表现,政策上也一直践行着"公平"与"效率"的侧重变换。尤其是党的十九大报告把构建体现效率、促进公平的收入分配体系首次提到现代化经济体系六位一体核心支柱的高度。党的十九届四中全会更是首次把"按劳分配为主体、多种分配方式并存"上升为社会主义基本经济制度,体现新时代下对收入分配的重大理论创新。

早在 20 世纪 80 年代,邓小平同志就对国家发展作出了"三步走"战略部署和"两个大局"的顶层设计。后来,他在南方谈话中还谈道:"共同富裕的构想是这样提出的:一部分地区有条件先发展起来,一部分地区发展慢点,先发展起来的地区带动后发展的地区,最终达到共同富裕。"②按照他的先富后富、共同富裕的顶层设计路线图,在实现前两步战略目标即在达到基本小康后,就要"突出地提出和解决这个问题。到那个时候,发达地区要继续发展,并通过多交利税和技术转让等方式大力支持不发达

---

① 郭威、王声啸、张琳:《改革开放以来我国公平观与效率观的政治经济学分析》,《经济学家》2018 年第 10 期。

② 《邓小平文选》第三卷,人民出版社 1993 年版,第 373—374 页。

地区"①。这里邓小平同志说要及时实施由先富带动后富到共同富裕的战略性转换,也就是要对效率与公平来个反转侧重。

改革开放初期,我国注重解放生产力,发展生产力,追求经济效率。现阶段我国社会生产力水平总体上显著提高,经济总量已成为世界第二大经济体,更加突出的问题是发展不平衡不充分,尤其是区域发展不协调、城乡发展不平衡、居民收入差距较大。基于过去四十多年的财富积累,目前一部分居民已积累了较高的财富水平,应该把侧重点从效率逐渐过渡到公平上来,适时地对公平与效率关系来个反转侧重。因此,在新时代背景下,党的十九届五中全会提出,要面向 2035 年全体人民共同富裕取得更为明显的实质性进展,以此来呼应公平和效率的关系,并到了侧重点由效率到公平适当转换的战略性发展阶段。

二、公平效率的理论底蕴

1. 在效率基础上更加注重公平

公平与效率是经济学几百年历史中的经典话题,每个发展阶段的侧重点也在不断变换。促进共同富裕要解决的首要问题,是要正确处理好效率和公平之间的关系。当前的现实情况是,目前主要国家的贫富差距都有不同程度的增加,这已经引起公众对贫富分化、群体对立和社会动荡的担忧,许多国家也逐渐由效率转向更加重视公平。② 不过在我国总体还不够富裕的情况下,效率可能还是当前最主要的方面,因此推进共同富裕还是应该在效率的基础上更加注重公平,而不是反过来在公平的基础

①　《邓小平文选》第三卷,人民出版社 1993 年版,第 374 页。
②　李实、万海远:《〈21 世纪的资本〉与中国》,《东方早报》2014 年 6 月 10 日。

上注重效率,共同富裕也应是在"富裕"的基础上实现"共同",而不是反过来在"共同"的基础上推进"富裕"。在中国特色社会主义阶段性目标下,目前还是要注重经济增长效率,只不过在这个过程中要比以往更加注重包容性增长,要更加注重对公平方面的强调和关注。

2. 注重公平也能反过来促进效率

在中国特色公平与效率的理论框架下,经济增长毋庸置疑是宏观政策最为核心的目标之一,然而必须明确的是,经济增长的目的是为了人民生活水平提高,而不是为了增长而增长,更不是为了少数人而增长。在推进总体富裕的道路上,实际上有很多方式可以实现总体富裕的结果,如美国就走了一条非平衡发展道路,让创造性破坏发挥到极致,属于典型的侧重效率而不注重公平。在中国特色社会主义市场经济下,纵然讲发展,也应是包容性发展,并注重从效率源头上促进分配公平。同时注重公平也能反过来带动效率,在政策实践中缩小区域、行业、人群间差距,其实也可以反过来扩大国内大市场,促进要素更广阔流动,使在更大范围内自由配置,反倒可能有利于促进效率,并带来更高水平发展,由此践行以公平促效率的发展方式。

3. 不仅是机会和权利公平,也要注重结果上的合理平等

中国特色的公平和效率理论,与美国社会所主张的发展方式有很大区别。美国社会所谓的人人平等,仅仅是强调机会和能力平等。在公平竞争的市场经济理念下,美国人对在此基础上形成的结果不平等具有很大的容忍度,在所谓的规则公平前提下,对富裕但不共享的结果,他们认为是理所应当的。实际上,美国社会相对注重过程公平和规则公平,但在很大程度上忽略了结果平等问题,故美国在国家总体富裕的情况下却存

在相当大规模的穷人群体。社会主义市场经济显然应该具有更多的人文关怀,在机会和权利平等的基础上,适当地干预结果上的不平等。

三、公平效率的理论共识

党的十九大以来对共同富裕提出了更高要求,习近平总书记多次强调"共同富裕是社会主义的本质要求""把促进全体人民共同富裕摆到更加重要的位置"。结合中国过去几十年的发展历程,共同富裕要求是机会平等和结果共享,但也要求不能出现平均主义,中国历史上曾采用平均主义来推进共同富裕,但绝对平均带来了"共同贫穷"。同时两极分化的总体富裕,也绝不是社会主义所应有的结果,所以,党中央提出通过"先富带后富"的方式,通过发展的手段来逐步解决不平衡不充分问题。真正意义上的共同富裕,既要注重效率,同时也要保证公平;既要防止平均主义,又要防止贫富差距过大。推进共同富裕目标不能一蹴而就,而是在较长时期内逐步推进,它既强调共同进步,又强调前进过程的阶段性特征,有快有慢、有先有后,最终才可能实现共同富裕。

纵观已有对共同富裕理论内涵的历史讨论和中央文件的明确表述,对共同富裕的理解可以达成以下三个理论共识:平均主义贫穷不是共同富裕、两极分化的总体富裕也不是共同富裕、共同富裕也不是同时同步同等实现。[①] 根据这三个底线的理论共识,我们将其设定为全书的基本假定,第三章还借助经济学中的消费者选择理论,来使用统一的理论模型去量化考察这三个基本共识的实际内涵,并反映效率和公平的不完全替代关系,以此分析其背后的经济含义。

---

① 董全瑞:《共同富裕:分歧、标准与着力点》,《经济学家》2001 年第 4 期。

第三节　发展与共享理论

一、发展与共享的经典命题

发展与共享是人类社会的两大永恒命题,也是新阶段推动共同富裕的根本出发点。共同富裕既可以简单地理解为"发展"与"共享"两个横向维度,也可以认为是"富裕"和"共同"的纵向角度。过去有人认为经济增长搞好了后会自然解决广大居民的收入增长问题,收入分配只是不同群体收入增长的自然结果,不应该、不需要也无必要把它作为一个专门的重大任务来抓。但近年来各国因为不平等问题导致各种社会问题后,大家才意识到要把共享作为一个专门的问题来研究。共同富裕既是经济问题,也是社会问题,更是政治问题,甚至可能还会影响文化伦理及道德建设问题。

虽然当前各国经济发展水平已经取得了较大进步,但是关于如何共享发展仍然是大多数国家所面临的共同挑战。在生产力高度发展和财富充分涌现的背景下,许多国家都出现了贫富差距扩大现象。反过来看,因为没有共享发展而带来的经济社会问题也持续不断,从美国的"占领华尔街"、法国的"黄马甲运动"到北非国家的"阿拉伯之春",背后都与有发展而没有共享有很大关系。近年来,我国收入差距扩大已经局部影响经济增长与社会和谐。尤其是我国城镇内部、农村内部的收入差距在持续扩大,居民收入流动性有所下降,这容易成为社会问题的潜在来源。而且持续较高的收入差距水平,也会带来高收入群体的储蓄率不断攀升,同时低收入群体的消费能力会不断下降,从而容易出现经济结构性扭曲问题,以居民消费作为支撑的国内大循环战略也可能面临一定困难。从这个角度看，发展与共享既是工具和目标的关系，也是目的和过程的相互统一。

二、共享与发展的平衡关系

发展是共同富裕的前提，没有财富水平的极大积累和快速增长，就不可能实现高标准的共同富裕。共同富裕还是要依靠辛勤劳动和共同奋斗，优先做大经济总量。在中国特色社会主义制度优势下，再加上政府再分配政策效果的不断优化，未来实现共同富裕目标是可以期待的。党的十九届五中全会明确提出，要清醒认识到当前我国发展不平衡不充分问题，而且也明确指出城乡、地区和居民收入差距仍然较大，需要以更大力度来缩小这三大差距。

共同富裕是全体人民通过辛勤劳动和相互帮助最终达到丰衣足食的生活水平，代表着收入快速增长和收入差距稳定下降。其中关于总体收入持续增长的内涵是肯定的，改革开放四十多年来经历了人类历史上的收入增长奇迹，当前在新冠肺炎疫情之后我国经济又率先实现复苏，居民收入的相对增长在全球主要国家中是最高的，且估算各种经济潜在增长率后也会发现，未来到2035年我国能保持一个比较稳定的中高速增长，能够顺利在2025年前进入高收入国家行列，也能实现2035年进入中等发达国家的总体目标。① 总的来看，实现共同富裕目标的最大挑战，仍然是如何让低收入居民顺利迈向中高收入阶段，仍然还是聚焦在收入差距能否持续显著缩小，核心内涵还是要瞄准初次分配和再次分配，并使用第三次分配作为补充，以此进一步提升共享程度。

---

① 黄群慧、刘学良：《新发展阶段中国经济发展关键节点的判断和认识》，《经济学动态》2021年第2期。

过去强调既要公平又要效率的方式,在实践中并不总是能得到完美平衡。在局部时期,两者都要的理想方式并不能总是实现,在特定时期就应该有所侧重。收入财富是经济社会运行的最后结果,共享不能过度超越经济发展阶段,如果"蛋糕"没有做大是不可能实现共同富裕的,因此不能把共享抬高到脱离实际的地步,所以,推进共享也不能过度牺牲发展。

三、走发展与共享的兼容道路

发展是解决我国一切问题的基础和关键,只有不断发展才可能真正实现共同富裕。如果采取分配优先于发展的政策措施,把发展置于从属地位,就会削弱共同富裕的物质基础,能够实现的也只可能是共同贫穷。[①] 如果连总体贫穷都不能摆脱,就更不可能达到共同富裕。因此仍要坚持把高质量发展作为第一要务,通过经济发展来促进共同富裕,要坚持不懈抓发展,坚持做大物质基础,不断扩大经济总量。我们也强调起点平等、过程共享与规则公平,这其实与发展本身没有根本性矛盾,都可以使效率更高质量地表现出来,需要做的只是共享与发展的高水平均衡,否则差异太大会引起社会其他矛盾。

除了发展与共享的适当均衡之外,更重要的是要找到发展与共享的兼容性道路。特别是要注重包容性经济增长,努力方向是要找到两者能够相互兼容的政策工具,使得在发展中实现共享,并在共享中进一步推进发展。从阶段性任务出发,目前我国收入差距较大是制约国内大循环的重要因素,需要从发展平衡性角度来优化分配格局,推进经济包容性增

---

① 姬旭辉:《从"共同富裕"到"全面小康"》,《当代经济研究》2020 年第 9 期。

长。更高水平保障可能刺激居民消费,拉动企业产品需求,带来企业经营状况改善,反过来又会有利于促进劳动就业,实现经济可持续增长和财富总体提升。因此,侧重提高发展的平衡性、协调性、包容性,是促进共同富裕最基本的兼容性政策方向。

自党的十八大以后,中央进一步提出了新发展理念,要求走共享型发展道路。基于"基础广泛的增长""益贫式发展""亲穷人增长""分享型发展"等概念,中央进一步把共享作为新发展理念之一,并上升为国家总体发展战略。共享发展理念是中国经济社会发展经验的系统概括,为探索中国道路指出了发展方向。[1] 坚持共享发展理念是关系我国发展全局的一场深刻变革,习近平总书记强调"要加快完善社会主义市场经济体制,推动发展更平衡、更协调、更包容"[2],并在高质量发展中促进共同富裕。在中国特色社会主义政策实践中,共享发展理念是以推进公平正义为前提,以提升人民收入水平和缩小收入差距为抓手,通过改进和完善民生制度,激发全体人民的建设热情和创造活力,坚持发展与共享的良性兼容与互动,并实现全体人民的共同富裕。

第四节　高质量发展理论

一、共同富裕的高质量发展内涵

党的十九大作出了"中国特色社会主义进入新时代"的重大论断,并指出新时代经济发展的基本特征就是由高速增长转向高质量发展。党的

---

[1]　于慧颖:《深刻理解共享发展理念》,《吉林日报》2016 年 6 月 18 日。
[2]　习近平:《扎实推动共同富裕》,《求是》2021 年第 20 期。

十九届五中全会进一步将高质量发展作为经济社会发展的指导思想。高质量发展的核心内涵,包括高质量供给需求、高质量资源配置、高质量投入产出、高质量收入分配和高质量经济循环[①],涉及生产、消费、分配和流通等方面,反映经济发展的质量、效率和动力变革,体现为经济成果的高质量创造和高质量共享,对应共同富裕的两个基本维度。推动高质量发展就是要解决发展不平衡不充分矛盾,提高中等收入者比重、优化分配结构,促进人的全面发展,并推动共同富裕。因此,推进全体人民共同富裕,既是高质量发展的目标,也是实现高质量发展的基本手段。新时代扎实推进共同富裕,必须要紧紧抓住高质量发展的基本内涵,转变发展思路、优化经济结构、转换增长动力、创新经济政策工具,并突出以下几个转变,以满足人民日益增长的美好生活需要,并解决不平衡不充分发展问题。

1. 从收入结果到消费动力

过去容易把共同富裕领域狭义化,较少从稳定收入增长、扩大居民有效需求、提升经济潜在增长率视角,来研究推进共同富裕问题。在全球经济增长动力不足、国内结构调整不断深化背景下,支撑经济发展的"三驾马车"包括投资和出口都难以为经济增长提供持续稳定动力,因此居民消费就更应该成为经济增长的主要动力。优化收入来源结构、增加居民家庭收入,不仅是共同富裕的应有之义,更是扩大内需并提振经济增长的重要途径。在新时代下,需要把增加居民收入水平、减少居民支出负担、提高可支配收入稳定性作为共同富裕的重点,并由此提高居民消费能力、保障居民消费意愿。在高质量发展理念下,党中央从消费扩量提质角度来探索共同富裕改革切入口,在优化经济结构的同时带动消费质量提升,

---

① 李伟:《高质量发展有六大内涵》,《人民日报》2018 年 1 月 22 日。

由此逐渐使内需成为经济增长的稳定动力来源。

2. 从收入指标到综合权益

过去收入分配政策主要集中在收入领域内部,然而影响居民生活水平和质量的还有公共服务和各种必要的生活支出。生活成本高企、居民负担加重,则会损害人们获得感、幸福感和满足感,这也是我国部分中等收入者存在主观认同背离的重要原因。因此,高质量推进共同富裕,绝不是简单地就工资而工资,也不是狭义地瞄准收入这个小分配指标,而是侧重从民生服务等与居民收支、消费福祉、财产财富等紧密相关的大分配领域着手,即从小分配口径扩至大分配口径。把视角放宽到与教育、医疗、养老等与居民收支紧密相关的大分配领域,由此从单个的收入领域扩大到公共服务、支出负担与综合权益方面,从而逐步推进共同富裕目标。

3. 从事实情况到调控工具

党中央高度重视共同富裕问题,不仅把它作为一个单独的问题来应对,而且是以此为契机来解决经济社会发展中的"瓶颈"问题,是以共同富裕为抓手来带动其他领域的改革。不仅把共同富裕作为解决不平衡不充分发展的一个政策工具,更是把它作为宏观调控和促进可持续发展工具库中的一项常规性措施。除了经济上常用的财政政策与货币政策外,也探索把共享发展作为宏观调控的一种手段,由此进一步丰富经济社会发展的政策调控工具箱。当前部分地区产能过剩、结构失衡、产品质量有待提高、经济增长需要新动力等挑战,实际上都与共同富裕问题紧密相关。在高质量提高居民收入和优化收入来源前提下,就不必再经受产业低质量和低附加值所带来的结构失衡,就不必再走过去压低劳动工资、依赖大量要素投入的发展方式,而是转到依靠消费、人力资本质量和创新驱动的发展阶段,由此也从根本上解决当前宏观经济存在的动力不足等问题。

4. 从单项突破到全局推进

仅局限于收入指标来促进共同富裕很难奏效,需要辅之以全面性的改革措施。过去关于劳动工资分配的管控做得较好,但关于资本性收入的调控还存在不少问题;对收入流量的调节有较多手段,而对资本存量的调节则显得办法不多,导致整体收入差距调控难度大、调控作用有待提升。因此,高质量推进共同富裕,需要以部门协作、共同推进的方式对工资收入流量和财产存量进行同时调节,对城乡、区域、行业、人群等不同领域发挥共同作用。党中央高质量推进共同富裕,是从局部单项的收入指标转向综合性指标,是从微观个体分配转向宏观要素分配和微观家庭分配相结合。要求把前期比较棘手的、跨部门的分配秩序混乱问题纳入进来,把一些涉及面宽、触及利益层次深、配套性强、风险较大的改革纳入议程中来,紧紧围绕更好保障和改善民生,围绕改革、发展和稳定大局,高质量推进共同富裕的制度改革和创新。

5. 从独立领域到战略体系

党的十九大报告首次把收入分配体系提升到经济社会的战略高度,党的十九届四中全会把按劳分配为主体作为社会主义基本经济制度,党的十九届五中全会把共同富裕作为社会主义现代化远景目标来实施推进。在现代化经济体系中,高质量收入分配体系实际上与其他五个体系紧密联系、协同推进。如共享发展在均衡行业收入差距的同时,也有利于建设协同发展的高效产业体系。在规范收入分配秩序的同时,也能促进统一开放、竞争有序的市场体系。在破除城乡分割的同时,也会彰显联动的城乡区域发展体系。在推进包容性增长过程中,不再通过资源换资产或环境换收入的方式来促进居民增收,就能同时协调好资源节约、环境友好的绿色发展体系。在打破区域分割、缩小要素进入壁垒的同时,也能有利于建设开放高效的全面开放体系。在不断丰富对共同富裕本质认识的基础上,就能进一步建立完善适应高质量发展的共同富裕理论体系。

二、走平衡性包容性发展道路

1. 坚持协调性、均衡性增长

过去我们在经济增长方面取得了很大成功,也期望通过增长来解决共享发展问题,但现实是经济增长的同时居民获得感还有待提升。这方面国外的教训很多,虽然他们生活水平也在增长,但出现发展差距扩大、两极分化上升等现象,由此带来明显的社会不稳定风险。过去中国经济走了一条高投入、高消耗、低附加值的发展道路,为快速实现工业化实行低工资政策,压低劳动报酬、压低消费来保证高投资率,由此获得资本积累并促进经济增长。在这个过程中劳动报酬比例偏低、利润侵蚀工资现象明显存在,居民收入总体上并没有与经济增长保持同步,居民间收入差距相对较大。[①] 党的十八大之后,在中央提出高质量发展理念下,居民收入与经济增长的同步性明显地得到改善,下一步需要继续坚持向高质量发展转型,坚持以人民为中心的发展思想,坚持促进经济协调性、均衡性增长,坚持在高质量发展中促进共同富裕。

2. 坚持走包容性增长道路

过去国内生产总值中的消费比重尤其是居民消费占比下降,投资比

---

① 李实、万海远:《对当前中国劳动力成本的基本判断》,*China Economist* 2017 年第 1 期。

重明显上升。随之产生了一系列问题，如产能过剩、债务杠杆率上升、投资效率下降、经济疲软等，表明经济增长方式出现了结构性失衡。[①] 其中投资率上升及消费率下降与土地财政有关，也和政府大量借债投资关系密切。大量借债后的货币超发导致房价或资产价格不断上升，政策成本最终可能落在居民身上，对刚需的中等收入阶层形成挤占，把居民财产转移到地方政府土地收入和少数房地产开发商中去，从而扭曲了宏观经济发展结构。[②] 要改变这个问题，需要从根本上转变经济发展方式，坚持党中央提出的高质量发展理念，更加重视包容性发展，注重市场在资源配置中起决定性作用的同时，走市场结构完整性、产业结构协调性、技术创新性和就业包容性的发展道路，从而在经济稳定增长的同时，还能促进劳动者就业和稳定增收，并有利于促进全体人民共同富裕。

三、高质量推进共同富裕的政策体系

随着中国特色社会主义进入新时代，人民对共同富裕的要求逐步发生转变，对物质和精神富裕等方面提出了更高、更深层次化的要求。在2020年全面建成小康社会的基础上，党的十九届五中全会又进一步提出更高目标，要求到2050年基本实现共同富裕。在14亿多人口的国家实现共同富裕，是前无古人的宏伟事业和艰巨复杂的历史任务。[③] 在新发展格局下，总体方向还是要市场化改革与政策调节双重作用。单纯通过改进分配政策难以实现共同富裕，必须充分发挥市场在资源配置中的决定性作用，必须寻找可持续的方式来不断发展生产力，积极创造和积累财

---

① 王小鲁：《改革之路：我们的四十年》，社会科学文献出版社2019年版，第163页。
② 王小鲁：《改革之路：我们的四十年》，社会科学文献出版社2019年版，第171—173页。
③ 郑志国：《在新时代坚持和发展基本经济制度》，《深圳特区报》2018年9月11日。

富的同时改进经济社会共享性,努力改善政策再分配效果,积极发挥社会第三次分配作用,由此才能实现高标准的共同富裕。①

在高质量实现共同富裕的基本路径上,仍然要优先激励创业创新,继续以经济建设为中心把"蛋糕"做大,之后在再分配环节更有力度地进行均衡调节(见图1-1)。政策方向还是要充分发挥市场在资源配置中的决定性作用,又快又好地发展生产力,夯实共同富裕的物质基础。同时要继续巩固和完善基本经济制度,消除劳动力与生产资料相结合的制度障碍,畅通生产、分配、消费、流通国内大循环,明确以民生建设为导向的发展模式,使公共政策向民生领域和普惠型转变,使民众更多地在生产力提升中享受改革发展成果。

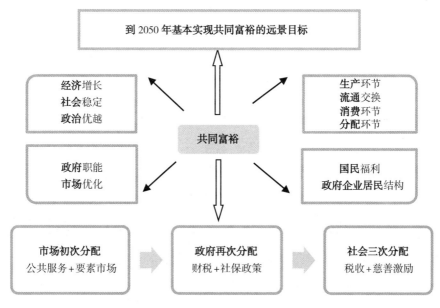

图1-1　高质量推进共同富裕的政策框架

资料来源:由笔者整理设计。

---

① 郑志国:《共同富裕的制度设计与安排》,《马克思主义研究》2015年第9期。

部分西方国家每隔一段时间就会出现工人运动,说到底就是富人垄断囤积,穷人缺衣少食,只好一次又一次地爆发"均贫富"运动;只不过这种所谓的共享发展是低水平的循环重复且不可持续,离真正实现共同富裕还有很大差距。从国际教训来看,过大的收入差距、固化的收入流动性、不合理的分配结构,往往会造成社会结构失衡,甚至不同社会群体之间会产生难以逾越的鸿沟,进而形成政治上的矛盾与阶层对立,利益协调和社会融合困难,不利于经济增长和社会稳定。从横向角度分析来看,中国特色社会主义的贡献就是提出"三步走"战略部署,逐渐走向高质量、可持续的共同富裕之路。

在新时代下,党中央充分认识到共同富裕在融合社会阶层、保持社会稳定中的重大作用,所以从单纯收入增长和收入分配目标,提升到防止社会风险和促进和谐稳定的战略高度。我国实现共同富裕的根本方向是通过先富带后富,在市场经济条件下保证绝大多数人的就业优先权利,让居民通过初次分配实现起码的收入增长,同时再根据初次分配结果的差异,又使用现代公共政策进行二次分配以保证最后结果的平等性,在此基础上还通过政策工具等来鼓励引导社会第三次分配。党的十九届五中全会就明确提出,在初次分配多渠道增加农村居民收入,着力提升低收入群体收入,同时要完善收入再分配机制,加大税收、社保和转移支付的调节力度等,健全初次分配、再分配与三次分配相互协调的基础性平台,从而让全体人民共同富裕取得更为明显的实质性进展。

四、高质量推进共同富裕的路径变化

从宏观收入分配格局上看,高质量发展方式包括提高居民收入在国民收入分配中的比重、提高劳动报酬在初次分配中的比重,以及提升社会保障和就业等民生支出占财政支出的比重。① 新时代推进共同富裕，关键还在于建设高标准市场经济体系、盘活市场经济活力、做大财富总量，持续发展壮大产业，继续加强产业发展的基础设施建设，激发要素流通效率。提供充分且高质量的就业岗位，通过稳岗就业和技能培训，加强东西部劳务协作，支持劳动密集型产业梯度转移，确保广大群众稳得住、有就业、能致富。在高质量发展路径下，共同富裕既是目标，也是手段。习近平总书记强调，高质量发展需要高素质劳动者，只有促进共同富裕，提高城乡居民收入，提升人力资本，才能提高全要素生产率，夯实高质量发展的动力基础。②

收入差距缩小、收入分配结构调整和宏观收入分配格局改变，都需要在居民收入增长的基础上实现。这意味着低收入群体的收入增速要比高收入群体更快，以逐步实现更平等的收入分配结构。③ 这除了要优化初次分配格局外，也需要在二次分配上出台更多的政策办法，通过财政、税收、社会保障和公共服务政策来调节，逐渐补充社会慈善、公益捐赠等第三次分配手段。推进共同富裕，不仅要关注收入差距偏大问题，更要关注收入分配不公问题，这主要表现为垄断行业高工资、灰色收入以及社会保障差别待遇等问题。因此，在高质量推进共同富裕目标中，不仅要继续做实经济高水平增长，也要优化经济高质量发展方式，不仅要做大做好"蛋糕"，也要更高质量地分配好"蛋糕"。④

---

① 万海远：《强化再分配政策对收入差距的调节功能》，《中国党政干部论坛》2019 年第 2 期。

② 习近平：《扎实推动共同富裕》，《求是》2021 年第 20 期。

③ 万海远：《强化再分配政策对收入差距的调节功能》，《中国党政干部论坛》2019 年第 2 期。

④ 万海远：《增强调节力度　缩小收入差距》，《中国劳动保障报》2019 年 6 月 12 日。

第二章　推进共同富裕的时代定位与新情况

结合前一章对共同富裕的定性讨论和中国特色共同富裕的理解,本章继续从现实问题出发,分析当前推进共同富裕的历史和实践逻辑,确定推动共同富裕的时代定位,归纳新时期推进共同富裕的新情况,指出新发展阶段促进共同富裕面临的新挑战。在此基础上,本章瞄准当前我国共同富裕的关键矛盾,总结中国特色共同富裕的关键问题,提炼下一步推进中国特色共同富裕要注意的几对关系,从而为更好实现共同富裕远景目标提出政策建议。①

第一节　准确认识所处的发展阶段和历史方位

一、全球是否到了共享大转换的发展阶段

在百年未有之大变局下,目前许多国家都在动荡中发展,各种社会革命、政权更迭频繁发生,其中主要原因是贫富差距扩大、社会阶层固化、居

---

① 本章部分内容来自万海远:《共同富裕的若干理论问题》,《东南学术》2022 年第 1 期。

民对共享发展的要求提高。纵观发生"阿拉伯之春"的国家,个体间相对收入差距上升,收入分组和身份群聚的社会对立明显,社会极化上升使居民获得感下滑,并导致大规模社会动乱。[1] 特别是近年来全球性收入差距扩张,社会流动性固化,底层社会力量触底反弹,要求福利保障的声音日益明显,有许多观点认为,当前全世界范围内已进入共享与发展转换周期的关键节点。[2]

在全球范围内,当前检验政府成效的关键标准,就在于人民是否拥有持续增长的获得感,这也是各国经济社会发展目标的重要前提。在百年未有之大变局下,越来越多的国家基于历史和现实考虑,在明显增加全体人民的平均福利水平、提升国民生活保障标准、增加居民对社会财富总量的分享程度,从而体现对共享发展的明显回归迹象。

总体来看,全球许多国家都在把共享问题摆到一个更加重要的位置上来,无论是主动还是被动,普遍都更加重视社会公平问题,尤其是在努力缩小发展差距、抑制收入极化方面作出了积极探索,这对保持经济社会稳定都具有重要意义。

二、我国到了扎实推动共同富裕的历史阶段

邓小平同志在 20 世纪 80 年代指出,我国将长期处于社会主义初级阶段,鉴于当时我国社会生产力发展水平还不够高,鼓励并推动"先富",让一部分优势地区率先推动生产力发展,奠定先富基础并进而带动和帮

---

[1]　Abu-Bader S., Ianchovichina E., "Polarization, Foreign Military Intervention, and Civil Conflict", *Journal of Development Economics*, Vol.141, No.102248, 2019, pp.1-23.

[2]　Devarajan S., Ianchovichina E., "A Broken Social Contract, Not High Inequality, Led to the Arab Spring February", *Review of Income and Wealth*, Vol.64, 2018, pp.5-25.

助"后富",这符合经济社会的发展规律。① 不过在消除农村绝对贫困并全面建成小康社会后,中国特色社会主义就进入新的发展阶段。

从历史角度看,按照改革开放初期邓小平同志的总体设想,"在本世纪末达到小康水平的时候,就要突出地提出和解决这个问题"②,就需要提出由先富带后富到共同富裕的转换。习近平总书记在《中共中央关于制定国民经济和社会发展第十四个五年规划和二〇三五年远景目标的建议》所作的说明中,特别提出在全面实现小康目标之后的战略转换,站在两个一百年的历史交汇点上,现在到了要更加重视共享发展的历史阶段。目前党中央提出要扎实推动共同富裕,强调这不是权宜之计,而是百年大计,是建设社会主义现代化强国和实现中华民族伟大复兴中不可或缺的组成部分。

正确认识国家所处的历史方位和发展阶段,是明确当前阶段性中心任务、制定路线方针政策的根本依据。在全面建成小康社会、实现第一个百年奋斗目标之后,我们乘势而上开启全面建设社会主义现代化国家新征程,并向第二个百年奋斗目标进军,这标志着我国进入新的发展阶段。社会主义初级阶段既不是一个静态、一成不变、停滞不前的阶段,也不是一个自发、被动、不用费多大气力自然而然就可以跨越的阶段,而是一个动态、积极有为、始终洋溢着蓬勃生机活力的过程,是一个阶梯式递进、不断发展进步、日益接近质的飞跃的量的积累和发展变化的过程。③ 在发展水平已经取得历史瞩目成绩之后,现在到了要更加重视共享发展的阶

① 蒋永穆、豆小磊:《中国共产党对共同富裕的追求与探索》,《中国社会科学报》2021年7月7日。

② 《邓小平文选》第三卷,人民出版社1993年版,第374页。

③ 习近平:《把握新发展阶段,贯彻新发展理念,构建新发展格局》,《求是》2021年第9期。

段,习近平总书记强调,"现在已经到了扎实推动共同富裕的历史阶段"。①

后小康时代中国的社会形态发生了明显变化,社会需求从过去的解决温饱、扶贫济困,转变为更高层次的增长需求,没有发展作为前提的共享是不存在的,因此当前进入了共享发展新时代。② 在已全面建成小康社会的基础上,有必要也有能力在共享方面有更多实质性进展。共享的目的是更好地发展,虽然没有效率难以创造共同富裕的物质基础,但没有公平同样不可能实现共同富裕,社会公平问题处理得好,也可能有利于全社会效率提高。③ 经济发展不是为了发展而发展,归根结底要造福于民、改善民生,要以改善人民衣食住行条件和提高人民生活品质为出发点和落脚点,因此从历史发展角度看,我们也到了要明显谈共享的战略阶段。

三、是否进入公平效率侧重的转换周期

实际上公平与效率是人类社会的终极命题,共同富裕是既要公平又要效率关系的集中表现,历史上的思想流派和发展实践也总是在这两个方面来回摆动。我国四十多年改革开放历史也一直践行着"公平"与"效率"的轮回,并先后经历了多个战略性调整阶段,总体包括"兼顾效率与公平""效率优先、兼顾公平""更注重社会公平""更有效率、更加公平""体现效率、促进公平"等阶段。④

---

① 习近平:《扎实推动共同富裕》,《求是》2021 年第 20 期。
② 魏后凯:《从全面小康迈向共同富裕的战略选择》,《经济社会体制比较》2020 年第 6 期。
③ 秦刚:《实现共同富裕:中国特色社会主义的实践探索和历史进程》,《人民论坛·学术前沿》2021 年第 7 期。
④ 黄有璋:《改革开放以来效率与公平关系演变的历史考察及启示》,《广西社会科学》2017 年第 10 期。

虽然大家都认可收入分配的重要性,但确实在不同领域也出现一种观点,即收入分配能否作为一个重大问题来专门看待不以为然,认为经济增长自然会带动解决收入增长问题,分配只是不同群体收入增长的自然结果,没有必要把它作为一个专门的重大任务来抓。[1] 但近年来各国因为收入分配问题导致各种社会动乱后,对不平等重要性的理解在不断增强[2],尤其是在党中央明确提出共同富裕目标后就逐渐实现统一。不过从历史角度看,我们是否到了要明显谈公平的战略大转换阶段,是否要牺牲效率也要促进共享,公平究竟如何作为重大问题来专门研究,这个仍然存在一定的讨论空间。

对于我国现实情况来说,也有观点提出我们进入新的历史阶段,需要把公平放到一个更加突出的位置。从短期社会稳定风险、中期经济增长动力、长期国家长治久安角度看,推进共同富裕关系经济社会转型与改革全局,对我国"调结构、稳增长、保稳定"具有重要战略意义。站在两个一百年交汇点上,虽然我们不一定要定性判断是否进入公平的历史周期转折点,但确实到了要更加重视公平的发展阶段,这是我们推进共同富裕最主要的时代背景,也是面向 2050 年基本实现共同富裕的前提定位。

第二节　推进中国特色共同富裕的新情况

一、从理念目标到现实政策

历史上我们是在"大同社会"理念下推进"均贫富",在新时代下又提

① Kuznets S.,"Economic Growth and Income Inequality",*American Economic Review*,Vol.45,No.1,1955,pp.1–28.
② 蔡昉:《创造与保护:为什么需要更多的再分配》,《世界经济与政治》2020 年第 1 期。

出共同富裕的远景目标。应该说,共同富裕是一项长期任务,虽然短时间内难以完全实现,但我们一以贯之从来没有放弃,并细化到当前的各项具体任务。特别是党的十九届五中全会明确提出,到2035年共同富裕要取得更为明显的实质性进展,并制定具体的行动纲要来切实推进,近期又进一步出台了《中共中央　国务院关于支持浙江高质量发展建设共同富裕示范区的意见》,要求浙江为推进共同富裕提供省域示范。

习近平总书记明确强调,我们决不能允许贫富差距越来越大、穷者愈穷富者愈富,决不能在富的人和穷的人之间出现一道不可逾越的鸿沟。[①]与之前不同的是,当前我国共同富裕不仅是理想目标,更是迫切的现实要求。党中央提出到2035年和2050年推进共同富裕的远景目标。应该说,当前顶层设计已经明确,但在政策推进过程中需要谋划更加细致的实施方案,需要推出具体政策和行动措施来定量实现,这不仅包括时间表、路线图等宏观规划,也包括主要任务、重大工程、责任分工和具体措施等。

二、从全球共性到中国特色

从国际视野来看共享发展问题具有一定普遍性[②],但理论上每个国家的历史地理、发展阶段和禀赋特征等都存在差异,特定国家的共享发展过程更是千差万别。中国特色的共同富裕目标,与其他国家有共同之处,但也有明显不同。共同富裕是社会主义的本质特征,是区别于资本主义国家的最主要方面。[③]

---

① 习近平:《把握新发展阶段,贯彻新发展理念,构建新发展格局》,《求是》2021年第9期。

② Ferreira F.H.G., Galasso E., Negre M., "Shared Prosperity: Concepts, Data, and Some Policy Examples", *Economics and Finance*, 2021, pp.1−21.

③ 《邓小平文选》第三卷,人民出版社1993年版,第373页。

中国共产党领导下的共同富裕,体现人的全面发展和各个主体的自我发展,是回应全体人民共享需求和体现以人民为中心的过程。中国特色共同富裕是包括精神富裕的全面富裕,是目前标准偏低且标准不断提升的渐进富裕,不是简单以福利结果兜底的富裕,这与欧美国家尤其是北欧城市型国家有本质区别。同时,中国特色共同富裕要统筹需要和可能,是通过高质量发展方式来逐步实现,体现分城乡、分区域、分阶段的过程,并最终使全体人民都迈向高水平共同富裕的过程。

西方福利主义国家建立了从摇篮到坟墓的社会福利体系,虽然也实现较高的发展水平和较低的收入差距,但这种高福利主义却带来显著的发展负担,近年来出现了拖累经济发展的情况,而且不平等水平也显著扩张。西方国家在推进共享发展方面虽然取得了一定成绩,但是离高质量共同富裕还相差甚远。中国要推进共同富裕,需要建立与西方福利主义有所区别的政策体系和实现路径。目前,我们在界定政府基本责任方面正稳步提高标准,力争全方位提升教育、医疗、卫生、住房等服务水平,做到更高水平的"最低富裕标准"。同时我们也尊重经济社会发展规律,逐步完善基本公共服务体系,从可及性、富裕性和共享性出发不断提高标准,从而探索出具有中国特色的共同富裕路径。

三、从定性方向到定量估算

过去关于共同富裕的研究局限于理论内涵的定性表述,缺乏共同富裕的量化研究,尤其缺少将共同富裕理论应用于数理分析的实证研究。[1]一旦进入实际操作层面,那什么叫共同富裕、多少才是共同富裕,就进入

---

① 董全瑞:《共同富裕:分歧、标准与着力点》,《经济学家》2001 年第 4 期。

了定量测算层面,由此需要指标体系来识别进展、"短板"和问题等。指标体系既可以是事实结果的单维度评价,也可以是政策进展的多维度监测。目前大家对共同富裕内涵的理解仍有一定差异,但作为政策部门必须要从实际工作出发拿出一套能执行、有抓手、可操作、有考核、能分工的指标体系,使共同富裕可感知、可量化,之后再逐步调整完善。

新时代的共同富裕,其标准本身要有一定的高水平,要超出之前关于小康社会的基本要求,因此不能是小康社会的翻版;而且其内涵不仅仅是收入层面,也应考虑生活质量和精神富裕层面,因此与宏观层面的高质量发展密切联系。现实中共同富裕目标必须有可以衡量的具体标准,比如人均收入水平达到多少、基尼系数达到多少等,但想当然地给定一个数值标准也不一定客观准确,如何度量主观精神富裕等还存在不同看法,还有一定的讨论空间。

四、从结果导向到过程共享

改革开放四十多年来,我国稳定解决了十几亿人的温饱问题。随着经济社会发展进入新时代,人民对共同富裕的要求逐步发生转变,对物质消费等方面提出了更高、更深层次化的需求。在 2020 年全面建成小康社会的基础上,党的十九届五中全会又进一步提出更高要求,规划到 2050 年基本实现共同富裕。总的来看,这个规划体现了过程的共享性和时间的渐进性。若过早谈结果共同占有与均等分配,则容易走向计划经济时期的平均主义,其结果可能是共同贫穷,因此无论是历史教训还是现实条件,都要求是在过程共享中逐步推进共同富裕目标。

党的十九届五中全会提出 2035 年只是取得更为明显的实质性进展,到 2050 年才基本实现共同富裕,直至 2100 年才有可能进入高标准的共同富裕阶段。习近平总书记提出,推动共同富裕,等不得也急不得,需要长期努力。要真正实现高水平的共同富裕可能还需要较长时间,故共同富裕可能是一个长期目标,不是在短时间内就能完全实现的过程,仍然要做好长期奋斗的打算。在政策设计中,要坚持从提高人的发展能力出发,注重高质量充分就业,鼓励长期辛勤劳动实现高标准共享富裕。综合来看,共同富裕不仅是目标更是过程,是增进全体人民不断共享的过程,是在结果导向中螺旋式实现共享的过程。

五、从国富优先到民富同进

从国家总体富裕层面,我国已经是世界第二大经济体,但是从人均富裕角度看,离世界银行或国际货币基金组织划定的高收入国家或发达国家平均水平仍有一定距离,国家总体人均富裕水平仍然还有较大的提升空间。因此,在面向 2035 年和 2050 年时,我们仍然要坚持经济增长的基本方向,要求在发展中实现国民总体富裕。

不过,在国家总体富裕的基础上,也不能寄希望于国富会简单解决民富问题。过去几十年我国居民所得在国民收入中的占比在持续下降,近年虽有所回升,但在水平上仍然偏低,尤其是劳动报酬占国民总收入的比重较低。在全面建成小康社会的背景下,民享民富问题更加迫切,所以应更加重视居民共享问题,让更多的国家财富被全体居民所获得。这需要优化宏观收入分配格局,持续提升居民所得份额,阶段性适当降低政府所得比重。

在民富总体提升的基础上,目前更加突出的问题不是不同居民之间的不平衡不充分问题,而是城乡区域差距、居民收入差距问题。共同富裕是全体人民的富裕,不是一部分人的富裕,故需要考虑如何带动更多人的共同致富问题。在新发展阶段下,党的十九届五中全会提出要面向 2035 年全体人民共同富裕取得实质性进展,以此来呼应国家总体富裕和全体居民共享富裕的关系。在走向共同富裕的道路上,应该是先达到国家总体富裕,后实现居民总体富裕,并带动全体居民共享富裕,由此践行从国富到民富、再到共富的过程。

第三节　新发展阶段推进共同富裕的新挑战

一、新一轮资本回报率上升周期

收入分配差距主要源于初次分配,其中影响最大的核心是资本与劳动要素之间的关系。按照马克思主义观点,所有制决定分配制,财产关系决定分配关系。社会主义基本经济制度的核心是按劳分配为主体,但也允许土地、资本、数据等非劳动要素参与分配,在新一轮资本回报率上升的背景下,这就可能会扩大收入差距。不过在新时期推进共同富裕,不是简单的劫富济贫,不是要限制私有资本;推进高质量共同富裕,是通过合理的政策工具来优化分配结构,而不是简单的财富再转移。[①] 我们一定是在依法治国的背景下,鼓励资本获得合法合理收益,提倡私营资本扩大再生产并获得必要的利润。新发展阶段的重要挑战是如何进一步处理好劳动和资本关系,如何充分激发资本要素活力并有效组织劳动要素,从而最大限度地提升国家总体富裕水平。

二、财富差距的调节办法并不多

过去四十多年实体经济创造了大量财富,居民通过劳动也积累了较

---

① 袁家军:《扎实推动高质量发展建设共同富裕示范区》,《人民日报》2021 年 7 月 9 日。

多财产,近年来我国已出现一部分高净值人群。不过其中少数群体是利用政策不完善而获得较高财产,当然,近年来财产增长与资产价格膨胀也有一定关系。新时代的重要挑战是要区分居民财产积累来源,预防财富在高收入群体内的不合理积累,重视财富积累对收入分配的影响;应高度关注财富的代际传递,并提出有效措施来提升代际流动性,并在长期内改善收入不平等状况。

当财产水平积累到一定程度,财产性收入就会成为部分居民的主体收入来源,而且财产性收入占比上升还会带来收入差距和财产差距的相互强化,由此可能会固化收入差距。尤其是高收入群体的财产通过资产赠与和遗赠传递给下一代,容易使财产的代际流动性出现下降。[1] 所以,若不对财产分配做政策干预,那么财产差距和收入差距相互转换的可能性会进一步加大。财产分布不均等的直接后果首先是财产性收入不均等,并继而成为推动收入不平等的重要因素。[2] 从这个角度来说,财产差距不仅是过去收入差距的累积结果,同时也容易成为新的导致收入差距的基础性成因。

在全球范围内,关于收入流量的调节政策是比较丰富的,但财产存量具有瞬时转化和快速变形的特征,背后的资本形态也具有无限流动和自由配置的特点,因此在全球范围内对资本或财富存量的调节并没有太好的办法,实践中可用的政策工具也非常少。[3] 在中国特色社会主义制度

---

① 李实、万海远:《中国居民收入分配演变40年》,格致出版社2018年版,第59—60页。

② Knight J.,Li S.,Wan H.,"Why has China's Inequality of Household Wealth Risen Rapidly in the Twenty-First Century?",*Review of Income and Wealth*,March 2,2021,pp.1-30.

③ Zucman G.,"*The Hidden Wealth of Nations*",University of Chicago Press,2015,pp.1-18;Zucman G.,A.Alstadsæter,N.Johannesen,"Tax Evasion and Inequality",*American Economic Review*,Vol.109,No.6,2019,pp.2073-2103;Zucman G.,Alstadsæter,N.Johannesen,"Who Owns the Wealth in Tax Havens? Macro Evidence and Implications for Global Inequality",*Journal of Public Economics*,Vol.162,2018,pp.89-100.

下,我国始终保持对资本适度的必要管制,成为维护劳动者基本权益和促进共同富裕的重要屏障。在资本回报率上升的背景下,我们要继续坚持关于资本适度调节的制度优势,防止资本在教育、媒体、经济和社会领域的过度蔓延,尽快推出针对性更强的资本税或财产税,防止资本与劳动的群体性分割。[①]

三、绝对收入差距带来的社会风险增多

共同富裕既要避免平均主义也要避免两极分化,特别是先富之后如何避免两极分化是面临的重要挑战。有研究表明,未来推进共同富裕的主要挑战,不在于经济增长的总体富裕,而在于收入分配的共享富裕方面。[②] 我国改革开放四十多年来最大的成就之一,就是为各类人群提供了最大限度的收入流动性,尤其是没有形成以身份为特征的利益集团。近年来,我国相对收入极化又出现历史性下降,中等收入者比例明显提高,收入极化出现显著缩小趋势。[③] 不过随着经济的持续累积,在相对极化明显下降的背景下,居民不同群体间的绝对收入差异也有所增加,不同群体间的绝对收入差异在持续上升。[④]

近年来经济开始放缓并进入下行通道,部分人群可能面临收入纵向下滑的风险。在此基础上,如果还出现明显失业现象,则部分低收入群体就可能会重新返贫,再加上高收入者财富水平和份额扩大,由此可能会引

---

① 万海远:《实现全体人民共同富裕的现代化》,《中国党政干部论坛》2020 年第 12 期。

② 黄群慧、刘学良:《新发展阶段中国经济发展关键节点的判断和认识》,《经济学动态》2021 年第 2 期。

③ Wan H.,Clementi F.,"The Long-Term Evolution of Income Polarization in China,1995—2018",*Journal of Development Studies*,June 20,2021,pp.1-29.

④ 黄征学、潘彪、滕飞:《建立低收入群体长效增收机制的着力点、路径与建议》,《经济纵横》2021 年第 2 期。

发居民的不满情绪。① 未来要推进共同富裕目标,要坚持底线思维,化解各种风险,不能过度地强调效率、促进先富,而必须要走包容性增长道路,选择既要增长且还不能扩大差距的发展方式,因此改革的空间路径会进一步收缩。

四、国际环境发生明显变化

过去我们利用全球价值链分工,以丰富的劳动力资源,占领全球产业链的核心地位,从而顺利融入全球化进程,使农村低收入者转移到城市工厂,促进劳动就业和收入持续增长。② 但在全球经济格局大调整背景下,国外循环很难成为推进共同富裕的主要渠道,推进共同富裕需要更加着眼于国内。特别是在保护主义盛行和逆全球化背景下,全球价值链和供应链受到较大影响,再通过在全球配置资源来实现高增长的方式受到限制,因此未来要推进高标准共同富裕,需要更多依赖于国内大循环。

在百年未有之大变局下,各国经济、社会、贸易格局在发生深刻变化,国际环境日趋复杂,不稳定性、不确定性明显增加,这对我国共同富裕的高质量发展也带来挑战。资本回报率上升是未来财富分配的重要挑战,但不能简单通过高额财产转移的方式来进行,而必须要考虑资本的自由流动和财富形态的不断转变。在全球税收竞争格局下,通过征收资本税来调节财富分配的方式应更加谨慎,依赖税收手段来实现共同富裕的工具也应更加慎重。特别是考虑到国际战略竞争因素,产业结构的全球布局容易受到影响,不能贸然对跨国企业采取过高调节措施。所以需要考

---

① 李实、万海远:《中国居民收入分配演变40年》,格致出版社2018年版,第257页。
② 王小鲁:《改革之路:我们的四十年》,社会科学文献出版社2019年版,第131页。

虑国际环境对我国共同富裕进程的影响,需要梳理在国际竞争格局下各个战略手段的可行性问题。

五、如何用好脱贫攻坚的政策经验

我们刚从胜利打赢脱贫攻坚战中走来,精准扶贫的一些做法同样适用于推进共同富裕。但我们也应意识到,新形势下不能完全简单套用精准扶贫的部分经验,毕竟精准扶贫是汇集全社会资源集中扶持少部分贫困人口,而现在是推进全体人民一个都不能少的高水平共同富裕,是面向14亿多人口的更高要求。政府不能什么都包[1],更多的还是要增长、要发展,只有把"蛋糕"做大才有可能实现高水平的共同富裕。

在过去相对较低水平的政策目标下,我们可以通过政策保障的方式,让低收入群体也共享国家发展红利。但在新时期更高标准的共同富裕目标下,则不可能再通过政策保障的方式让全体人民同时都迈入高标准富裕,这只能依靠高质量发展、高水平增长来实现。过去我们用财政兜底的方式让最低收入者顺利摆脱了绝对贫困,但在面向2050年推进共同富裕的长远目标下,在财政收入增速下降的背景下,就不可能完全依赖财政兜底的方式。

第四节　推进中国特色共同富裕的关键问题

一、如何包含精神富裕的内涵

大家都认同精神富裕在中国特色富裕内涵中是必不可少的重要环

---

[1]　习近平:《扎实推动共同富裕》,《求是》2021年第20期。

节,但在具体的政策推进过程中,精神富裕的界定存在一定困难,把精神富裕置于何种具体角色又存在一定分歧。虽然文化教育、生态环境和社会治理都是精神文明的重要体现,是新时代推进共同富裕的重要内容。不过若包罗万象,则难以体现共同富裕的核心内涵,无法体现中央扎实推进共同富裕政策的针对性,因此在短期内还是要有限目标和适当聚焦。除精神自强自信、司法民主独立、自然环境和生态文明外,如果把概念进一步扩大化并包含更多的内容,那么就与推进社会主义全方位现代化没有什么差别,体现不出近期共同富裕目标的针对性和阶段性等特点。

从聚焦当前主要问题、针对主要政策的角度出发,近期内侧重物质富裕和部分精神富裕是可以接受的。毕竟精神富裕与物质富裕紧密相关,精神的富裕自足与物质水平的增长共享有很大关系。而且经济发展水平是共同富裕的物质基础,也是居民获得感、满足感的直接来源,由此侧重做大物质基础有助于提升精神富裕。从实际政策开展角度看,也应区分长期和短期情况,并在不同时期应有所侧重。从短期来看,更多的还是收入财产和权益直接分配,体现当期物质水平的共享富裕。但从长期来看,则要贯彻以人民为中心的发展理念,侧重各级教育均衡发展,促进儿童早期发育和营养健康,聚焦人的发展能力和精神富裕全面提升,从人民福祉享有和人的能力提升两方面做实物质层面和精神层面的全面共同富裕。

二、要不要确立最低富裕标准

在开启第二个百年奋斗目标的情况下,推进共同富裕本身要有一定的高水平,要超出之前关于小康社会的要求,否则就成小康社会目标的翻版。新发展阶段共同富裕目标必须是高标准的共同富裕,而不是低水平的共同富裕,否则就演变成为共同贫穷。新时代共同富裕目标的标准本身要更高、更具体,关于共同富裕的内涵、界定、指标体系等要更加聚焦低收入群体。因此,这里应树立底线思维,尤其是在人的发展和基本公共服务均等化指标方面要分别设置最低要求。[①] 从底线思维角度出发,如果人人都享有相对较高的最低富裕标准,那么相对收入差距的重要性就会下降。如果分阶段制定底线目标逐步推进,则城乡、区域、人群间的相对差距要求则可以适当放宽。

这里的关键问题是,提出更高标准的富裕要求或确立最低富裕标准,是否是福利主义的新型变种。蔡昉(2021)认为,社会福利全覆盖及均等化是推进共同富裕的必然要求,当前发展阶段的一个重要任务就是要建设中国特色的民生保障体系。应该说,我们还处在社会主义初级阶段,新时期提"最低富裕标准",是坚持以人民为中心的发展理念的根本体现。中央明确提出"要立足当前、着眼长远,统筹考虑需要和可能,按照经济社会发展规律循序渐进,脚踏实地、久久为功,不吊高胃口、不搞'过头事',尽力而为、量力而行"。习近平总书记更是直接强调"要统筹需要和可能,把保障和改善民生建立在经济发展和财力可持续的基础之上"[②]。

从可及性角度来看,基本公共服务均等化是推进共同富裕的底线要求,也是最低富裕标准的核心方面。从居民福祉角度看,消费是真正体现居民最终福祉的核心内容,因此共同富裕也可以考虑增加消费方面的底线要求。总的来看,在开启第二个百年奋斗目标的框架下,应该要提新时期共同富裕的最低标准,这既要有收入、消费等结果方面的优质共享,还应包括基本公共服务等过程方面的普惠普及,要制定关于教育、医疗、养老、就业、住房等全方位的最低标准[③],更加重视人的能力的

---

①　李实:《共同富裕不让任何一个人掉队》,《浙江日报》2021年5月24日。

②　习近平:《扎实推动共同富裕》,《求是》2021年第20期。

③　李实:《共同富裕不让任何一个人掉队》,《浙江日报》2021年5月24日。

全面提高,从而从根本上缩小机会和能力差异,并助推全体人民实现共同富裕目标。

三、居民收入是否要快于经济增长

在政府、企业和居民的三者分配格局中,过去我国居民收入所得份额在持续下降。在经历几年的短暂小幅度回升后,近期居民收入在整体国民收入分配格局中的占比又有所下降。总的来看,过去四十多年我国城乡居民收入增速慢于国内生产总值增速,居民收入的历史欠账相对明显。虽然近年来我国居民收入增长与国内生产总值(以下简称 GDP)基本保持同步,但考虑到过去较长时期的居民收入欠账,而且在新时期要推进更宏伟的共同富裕目标,因此未来应考虑进一步提出更高目标,即要求居民收入不是同步而是要适当快于 GDP 增长。[1]

历史经验表明,在经济增速下滑时期居民收入增长的影响反倒可能更大,因此在新时期提居民收入增速快于 GDP 的发展目标存在一定必要性。从企业负担角度考虑,近几年劳动力成本上升是客观事实。不过当前劳动报酬保持与劳动生产率同步增长是应该的,而且居民经营性收入和财产性收入均还有较大上升空间。[2] 尤其是现在要大力推进全体人民共同富裕目标,有观点提出要倾斜性地对居民收入增长提出更高要求,即认为要提出人均居民可支配收入增长快于人均 GDP 增长的政策要求。[3]

---

[1] 卓勇良:《确立收入增长快于经济增长的方针》,《浙江经济》2019 年第 5 期。
[2] 李实、万海远:《对当前中国劳动力成本的基本判断》,*China Economist* 2017 年第 1 期。
[3] 卓勇良:《确立收入增长快于经济增长的方针》,《浙江经济》2019 年第 5 期。

第五节　促进共同富裕要注意的几对关系

一、宏观与微观的关系

按照邓小平同志的战略设想,在本世纪末达到小康水平的时候,就要突出地提出和解决这个问题。① 要推进共同富裕,首先得要有宏观经济的稳定增长,做大共同富裕的物质来源,让共同富裕具有雄厚的宏观经济基础。而纵然实现了经济的总体富裕,也不能说必然会自动实现居民的共享富裕,其中的核心问题是我国居民所得在整个国民收入中的占比偏低,因此涉及政府、企业和居民三者之间的宏观分配格局。

在收入分配差距处于较高水平的背景下,当前的核心政策任务不仅要在宏观上提升全体居民所得在国民收入中的占比,同时在微观上也要做好居民内部的分配问题。在我国已成为世界第二大经济体的时候,下一步推进共同富裕的重点在于居民之间的微观分配问题,重点要协调好城乡、区域和人群间的分配关系。其中,西部农村地区是推进共同富裕的重点和难点,因此要统筹城乡协调发展,在区域布局上带动更多农村地区发展致富,从而促进城乡区域间的共同富裕。②

二、政府与市场的关系

无论从经济理论看还是从改革实践看,单一的市场化改革都难以实

---

① 《邓小平文选》第三卷,人民出版社 1993 年版,第 374 页;董全瑞:《共同富裕:分歧、标准与着力点》,《经济学家》2001 年第 4 期。

② 韩文龙、祝顺莲:《地区间横向带动:实现共同富裕的重要途径——制度优势的体现与国家治理的现代化》,《西部论坛》2020 年第 30 期。

现完全的分配公平。市场经济会出现失灵情况,但并不是说要完全否定市场力量,也不是否定市场在资源配置中的决定性作用。在推进共同富裕的道路上,仍然要坚持市场化改革,但是也要完善政策制度,加强政府宏观调控,合理调节市场化的初次分配差距,进而得到相对合理的再分配差距。在行政集中体制下,我国各级政府具有调节市场的先天优势,因此需要进一步完善政府调控手段,以补充修正市场失灵的情况。

要实现全体人民的共同富裕目标,以政府大包大揽的方式来推进面向 2050 年高标准共同富裕是不可能的。我们强调不能让政府包揽一切,必须要通过以市场为主体、政府同时调节的方式来实现经济可持续发展。政府不能等待经济发展会自然实现收入差距倒"U"型变化,而是要主动作为,更好发挥政府作用以弥补市场失灵。需要政府在优化初次分配中发挥基础性作用,需要政府强力调节二次分配,也需要政策支持引导慈善等第三次分配。在新一轮科技革命尤其是人工智能的影响下,这对普通劳动者的就业替代和共享富裕有较大冲击,因此近年来全球主要国家都在增加公共支出及政府干预,甚至连主张私有化、政府小型化的美国,最近也开始要提高政府所得比重,由此具有更强力量去调节市场失灵的结果。

三、发展与共享的关系

邓小平同志指出,"少部分人获得那么多财富,大多数人没有,这样发展下去总有一天会出问题。分配不公,会导致两极分化,到一定时候问题就会出来。这个问题要解决"①。贫富差距较大是当前我国面临的突

---

① 中共中央文献研究室编:《邓小平年谱(一九七五——一九九七)》下卷,中央文献出版社 2004 年版,第 1364 页。

出问题,"让一部分人先富起来"的理论和政策也基本完成了历史任务,必须要转向新的发展理念。① 只不过解决这一问题不能只从分配入手,而是要坚持把发展作为第一要务,实现更高质量、更加公平、更可持续的发展。如果采取"分配优先于发展"的政策措施,把发展置于从属地位,就会削弱共同富裕的物质基础,能够实现的也只可能是共同贫穷。②

发展是解决我国一切问题的基础和关键,只有不断发展才有可能真正实现高水平的共同富裕。如果连总体贫穷都不能摆脱,就更不可能达到共同富裕。因此要坚持不懈抓发展,特别是要通过构建新发展格局来持续推动高质量发展,坚持做大物质基础,不断扩大经济总量。总的原则是,应通过经济持续稳定发展来促进共同富裕,在阶段性区分公平与效率、发展与共享的前提下,在发展中主动解决收入分配问题,在发展中逐步实现共享富裕。

从我国改革开放四十多年的发展实践看,关于"公平与效率""增长与分配"的不完全替代关系始终存在,处理好发展与共享的兼容性,是未来推进共同富裕的根本着力点。应该说,牺牲多少幅度共享才能保证一定发展,或牺牲多少幅度发展也要保证一定共享,这个具体幅度在不同定性判断里有较大差异。但无论是哪种判断,包容性经济增长都是应有之义,共同努力的方向应该是要找到两者兼容性政策,使得在发展中实现共享,并在共享中进一步推进发展。

四、共建和共富的关系

要实现海量人口的共同富裕,必须是共建才能共富,共建过程也是共

---

① 姬旭辉:《从"共同富裕"到"全面小康"》,《当代经济研究》2020 年第 9 期。
② 姬旭辉:《从"共同富裕"到"全面小康"》,《当代经济研究》2020 年第 9 期。

享过程。习近平总书记强调"共同富裕要靠勤劳智慧来创造。要坚持在发展中保障和改善民生,把推动高质量发展放在首位,为人民提高受教育程度、增强发展能力创造更加普惠公平的条件,提升全社会人力资本和专业技能,提高就业创业能力,增强致富本领。要防止社会阶层固化,畅通向上流动通道,给更多人创造致富机会,形成人人参与的发展环境"[1]。中国特色共同富裕是全体人民的共同富裕,不可能所有人齐头并进,更不是劫富济贫[2],在任何时候都会存在一定程度的富裕差别。共同富裕不是被动的结果均等,而是全体人民通过主动奋斗而自我实现的过程,因此需要正面引领和共同努力。

习近平总书记强调,坚持发展为了人民、发展依靠人民、发展成果由人民共享。[3] 共同富裕的核心理念不是大家被动享受发展成果,而是每个人都通过劳动而参与其中,故应该包括经济社会的全方位参与,是全体人民通过劳动才能实现的过程。各类市场主体是共同富裕的根本,充分高质量就业是共建共享的基础,守法合法辛勤劳动是共同富裕的基础来源。在市场经济条件下,若考虑系统性、整体性和配套性,就需要经济高质量发展,需要优化产业结构,稳定制造业就业比重,由此全体人民通过自我努力迈向共同富裕。

五、目标与工具的关系

从释放社会成员发展动力角度看,推进共同富裕有利于促进居民消

① 习近平:《扎实推动共同富裕》,《求是》2021 年第 20 期。
② 袁家军:《扎实推动高质量发展建设共同富裕示范区》,《人民日报》2021 年 7 月 9 日。
③ 习近平:《把握新发展阶段,贯彻新发展理念,构建新发展格局》,《求是》2021 年第 9 期。

费扩量提质,所以从这个视角来挖掘改革红利及丰富调控政策工具就尤为必要。现实中,如果把促进共同富裕作为政策调节工具,并达到居民富裕和经济结构优化的效果,则宏观上就不必再经受产业低质量和低附加值所带来的结构失衡,就不必走压低劳动工资、依赖大量要素投入的发展方式,而是转到依靠消费、人力资本质量和创新驱动的发展阶段,由此也能从根本上解决当前宏观经济存在的结构性问题。

扎实推进共同富裕目标,不仅要把共享发展作为一个单独的重要问题来应对,还应以此为契机来解决经济社会中的"瓶颈"问题,要以共同富裕工作为抓手来带动其他领域的政策改革。提高居民收入不但不会阻碍经济增长,反而可能会通过消费来拉动企业产品需求,并带来企业经营状况改善、政府税收增加和劳动报酬提升,由此实现经济可持续增长和社会财富总体提升。因此,从目标到工具转变的视角出发,我们不仅要把共同富裕作为解决经济社会不平衡不充分发展的一个政策目标,更要把它作为宏观调控和促进经济协调可持续发展工具库中的一项常规性措施。

第三章　中国特色共同富裕的
内涵体系与维度

　　党的十九届五中全会明确提出,到 2050 年要基本实现共同富裕目标,"十四五"规划进一步明确制定行动纲要,由此共同富裕正式由理念目标迈入现实要求。在实质性推动共同富裕的背景下,就不能满足于把共同富裕作为一种理念来看待,而是要真正扎实制定政策、明确路径、细化实施方案来推动共同富裕。其中首要问题就是如何界定共同富裕,何种情况下是实现了共同富裕,究竟到哪种程度才能说是共同富裕取得了更为明显的实质性进展。

　　2021 年 5 月 20 日,中央发布了《中共中央　国务院关于支持浙江高质量发展建设共同富裕示范区的意见》,提出了共同富裕的总体要求和工作原则,但在全国层面上暂时没有明确共同富裕的内涵体系和实施方案,目前也没有给出共同富裕的定量标准。但政策操作上要推动共同富裕,各级政府要评估共同富裕政策效果,都离不开起码的内涵界定和指标体系,故在扎实推进共同富裕的起步阶段,量化共同富裕内涵、构建共同富裕维度体系具有重要意义。

第一节　共同富裕的理论内涵与特色

一、中国特色的共同富裕

1. 共同富裕是社会主义的本质特征

共享发展是人类社会所追求的共同目标,如联合国就将共同繁荣作为2030年可持续发展的重要目标,一些西方发达国家通过高福利方式将收入差距控制在较低水平。但由于没有从根本上改变生产关系,近年来收入差距又逐步扩大,经济增长陷入停滞,因此不可能实现真正高标准的共同富裕。习近平总书记强调,一些发达国家工业化搞了几百年,但由于社会制度原因,到现在共同富裕问题仍未解决,贫富悬殊问题反而越来越严重。[1]共同富裕是社会主义的本质要求,具有鲜明的中国特色和时代特征。共同富裕也是邓小平建设有中国特色社会主义理论的重要内容,过去四十多年我们实行一部分人先富起来、先富带动后富、最终实现共同富裕的政策,我们推进改革开放就是要让越来越多的人富裕起来,并最终实现共同富裕。根据党的十九届五中全会精神,到全面实现现代化时全体人民共同富裕将基本实现,社会主义现代化的过程,其实就是逐步实现共同富裕的过程。[2]

2. 共同富裕的基本内涵和关键任务始终没有变化

共同富裕是中国特色社会主义的根本原则,既是广大人民的殷切期待,也是社会公平正义的重要体现,更是社会长治久安的根本保障。虽然

---

① 习近平:《扎实推动共同富裕》,《求是》2021年第20期。
② 万海远:《实现全体人民共同富裕的现代化》,《中国党政干部论坛》2020年第12期。

共同富裕是一项长期任务,短时间内难以完全实现,但是我们不忘初心,一以贯之,从来没有放弃。共同富裕始终贯穿于党和国家发展的各项事业,始终是中国共产党的价值追求,始终是中国特色社会主义的奋斗目标,共同富裕的基本内涵和关键任务始终没有变化。① 在建设社会主义现代化进程中,我国始终把人民群众对美好生活的向往当作我们的奋斗目标,保证全体人民在共建共享发展中有更多获得感。当前,在我国从站起来、富起来到强起来的新征程中,需要把共同富裕摆在一个更加突出的位置上来,需要坚持以人民为中心的发展理念,需要坚持人民客观福祉和主观获得感、满足感同时推进的政策导向。

3. 中国特色共同富裕是全民共富、全面富裕、共建共富、逐步共富

中国特色的共同富裕目标,与其他国家有共同之处,但也有本质差异。在社会主义国家谈共同富裕,必须同时包括物质富裕和精神富裕两个层面,不仅让全体人民生活富裕富足、公共服务普及普惠,也要实现精神自信自强、环境宜居宜业及社会和谐和睦,实现人的全面发展和社会全面进步。共同富裕具有鲜明的时代特征和中国特色,我们是在中国共产党领导下的共同富裕,是人的全面发展的共同富裕,而不是简单以高福利结果兜底的共同富裕。中国人口规模庞大,谁也养不起谁,推进超过 14 亿多人口的全体人民共同富裕,必须要注重各个市场主体的全民发展,是在发展中实现的共同富裕。中国特色共同富裕是通过发展的方式来逐步推进,是当前水平相对偏低并且标准不断提升的共同富裕,是体现人民共享需求强烈的共同富裕。中国存在一定城乡区域发展差异,需要分阶段逐步推进。中国特色的共同富裕,特别注重物质文明与精神文明相统一,

---

① 范根平:《乡村振兴的理论逻辑起点、价值意义及实现路径》,《长春师范大学学报》2020 年第 3 期。

强调人与自然和谐相处,不过度汲取生态环境资源。

二、共同富裕的内涵标准

共同富裕是从低到高层次的过程繁荣,它并不是固定不变的模式,而是随着生产力发展不断充实新内容的过程。共同富裕是从部分到整体的逐步富裕,需要按计划、分步骤、有秩序地进行。可见实现共同富裕是一个动态的、非同时富裕的过程,共同富裕内涵标准随时间也会有所变化。当经济还在中低收入发展阶段时,需更多聚焦收入增长维度,而在即将迈入高收入阶段下,则需要更加关注人的全面发展,教育、医疗健康和人力资本积累应成为共同富裕的核心内涵。

董全瑞(2001)提出,共同富裕的四条底线标准是,一部分人收入的增加不能以另一部分人收入的减少为条件、社会经济活动公正地对待生产要素所有者尤其是劳动要素所有者、社会分配给每个人的所得部分在增加、经济发展进程增加了所有人的机会。[1] 李实(2020)提出的标准是,全体人民收入、财产、公共服务水平高,收入差距、财产差距、公共服务差距、人的发展能力差距小,就被认为是接近共同富裕标准。

共同富裕实际上包含国民总体富裕和全体居民共享富裕,从最简单且能够捕捉共同富裕内涵的最主要方面考虑,短期内仅使用经济增长和收入分配维度来衡量共同富裕是合适的[2],但从长期看衡量共同富裕则需要综合更加多元的指标来具体分析。所以结合理论维度和现实应用,对于共同富裕的内涵理解和指标评价,也应区分长期和短期,并区分结果导向和过程监测两种类型。

---

[1]　董全瑞:《共同富裕:分歧、标准与着力点》,《经济学家》2001年第4期。
[2]　王与君:《析共同富裕的两个基本条件》,《经济学家》1999年第2期。

第二节　共同富裕的维度框架与共识

一、共同富裕的两个维度

共同富裕,英文直译为"Common Prosperity",但在研究中也与共享繁荣、普遍繁荣、涓滴式发展、包容性增长等概念存在类似的方面,都是为了促进低收入人群发展和缩小不平等程度。综合来看,共同富裕的量化依据包括"发展"与"共享"两大方面。如前世界银行首席经济学家巴苏(Basu)认为,社会进步不应考察总体发展情况,而应考察最贫穷20%人群的生活条件是否得到改善,这符合"最低受惠人群"(Least Advantaged Persons)的罗尔斯公平观。[1] 世界银行的共享繁荣被定义为最低40%人口的收入增长率,并且将其与社会平均增长率的差异定义为"共享繁荣溢价"(Shared Prosperity Premium)。[2]

亚洲开发银行将包容性增长定义为机会更加公平的增长,他们将机会分为"可得的平均机会"和"机会的共享程度"两个部分,认为只有共享程度更高的机会增加才是包容性增长的体现。[3] 联合国人类发展报告也认为,人类发展不仅需要考虑各个维度的平均发展情况,还应考虑各个维

---

① Basu Kaushik, On the Goals of Development, in Gerald Meier and Joseph Stiglitz(eds.), "*Frontiers of Development Economics: The Future in Perspective*", New York: Oxford University Press, 2000, pp.61-86.

② Lakner C., Negre M., Prydz E. B., "Twinning the Goals: How can Promoting Shared Prosperity Help to Reduce Global Poverty", *World Bank Policy Research Working Paper*, No.7106, 2014.

③ Anand R., Mishra M.S., Peiris M.S.J., "Inclusive Growth: Measurement and Determinants", IMF Working Paper, 2013, No. 13/135; Ali I., Son H., "Measuring Inclusive Growth", *Asian Development Review*, Vol.24, No.1, 2007, pp.11-31.

度的"平等"发展情况①,因此在新人类发展指数中利用收入不平等对原人类发展指数进行修正,由此同时考虑收入、健康、教育以及不平等情况,并体现"发展"和"共享"的辩证关系。② 比较来看,虽然我国有较多关于共同富裕的定性讨论,但是明显缺少量化共同富裕的方法和指标研究。虽然国外研究大多是从"发展"与"共享"的角度去构建指标,但是对两者的具体关系还存在不同看法,对指标选取、权重使用和标准设定方面也存在不同理解,尤其是缺乏在中国特色语境下对共同富裕的定量理解。

二、共同富裕的基本共识

了解新中国四十多年的改革开放历史,我们会发现,各种社会政策实际上是在经历问题、解决问题又不断出现和解决问题的过程中一路走来的,但正是在这种不断改革发展中,实现了经济的强劲增长和社会的总体稳定,共同富裕程度也不断提高。实际上,我们最早从计划经济的平均主义走来,吃"大锅饭"的历史教训让我们深刻理解了什么叫"共同贫穷",因此邓小平同志提出"要允许一部分人先富起来,再带动后富群体,并最后达到共同富裕"。

由我国四十多年改革开放的实践历史可知,共同富裕是既要公平又要效率的集中表现,政策上也一直践行着"公平"与"效率"的侧重点变换,并先后经历了多个发展阶段。应该说,使用公平与效率、共享与发展的理论框架来理解共同富裕是合适的。虽然社会各界对共同富裕的理解还存在一些不同看法,不过全社会关于共同富裕的最底线共识仍然是广泛存在的,如共同富

---

① United Nations Development Programme (UNDP) , " *Human Development Report* " , Oxford University Press , New York , 1990 , pp.18-29.

② Klugman J. , Rodríguez F. , Choi H.J. , "The HDI 2010:New Controversies , Old Critiques" , *Journal of Economic Inequality* , Vol.9 , No.2 , 2011 , pp.249-288.

裕绝不是共同贫穷、要分阶段正确处理好公平和效率的关系等。

在《中共中央 国务院关于支持浙江高质量发展建设共同富裕示范区的意见》中,明确提出"体现效率、促进公平,坚决防止两极分化,在发展中补齐民生短板,让发展成果更多更公平惠及人民群众",而且要"立足当前、着眼长远,统筹考虑需要和可能,按照经济社会发展规律循序渐进"。习近平总书记明确强调,"决不能允许贫富差距越来越大、穷者愈穷富者愈富,决不能在富的人和穷的人之间出现一道不可逾越的鸿沟"。[①] 纵观已有对共同富裕理论内涵的历史讨论和中央文件的明确表述,对共同富裕的理解至少有以下三个底线的理论共识[②]:

第一,平均主义的贫穷不是共同富裕($S1$);

第二,两极分化的富裕不是共同富裕($S2$);

第三,共同富裕不是"同时同等同步富裕"($S3$)。

根据这三个最基本的底线共识,我们将其设定为全书的基本理论假定,下面还借助经济学中的消费者选择理论和无差异曲线,来定量考察这三个基本共识的数学表达,来反映公平与效率、发展与共享维度的不完全替代关系,并分析其背后的经济含义。

第三节 共同富裕的方向维度与指标

一、发展与共享的替代关系

共同富裕既可以简单地理解为"发展"与"共享"两个维度,也可以认

---

① 习近平:《把握新发展阶段,贯彻新发展理念,构建新发展格局》,《求是》2021 年第 9 期;习近平:《扎实推动共同富裕》,《求是》2021 年第 20 期。

② 董全瑞:《共同富裕:分歧、标准与着力点》,《经济学家》2001 年第 4 期。

为是"效率"和"公平"或"富裕"和"共同"的两个维度(以下简称"总体富裕"和"共享富裕")。量化共同富裕首先需要理解两者之间的关系,这既是指标评价的理论基础,也是定量分析共同富裕的现实前提。如果经济增长会自动带来均等分配,或者实现了均等分配就会日渐总体富裕,那么共同富裕就可以是一个单维指标。[①] 从相关研究来看,无论是理论分析还是实证分析都没有发现两者之间存在固定关系,它们在不同国家、不同时期、不同发展阶段都不一样,因此不能简单地直接替代。[②]

如果"总体富裕"和"共享富裕"两者不是一一对应关系,那么共同富裕指标就需要思考两者之间的函数关系。[③] 从多维指标设计看,一些多维贫困指标、多维不平等指标采取多个指标"相加"的方式,但这种构建方式其实默认了两个指标之间具有完全替代关系。[④] 以早期人类发展指数为例(以下简称原HDI),收入、教育和健康是通过算术平均相加的方式构建,这意味着增加一单位人均GDP和增加一单位教育年限,导致人类发展指数的变化会完全相同,由此仅提升某单一维度而完全忽视其他维度也能让人类发展指数不断提高,这有悖于人类发展指数基于多维能力发展的设计初衷。[⑤]

共同富裕需要同时考虑发展和共享维度,但并不是要求它们必须完全同

---

① Ravallion M., "Good and Bad Growth: The Human Development Reports", *World Development*, Vol.25, No.5, 1997, pp.631-638.

② Alesina A., Perotti R., "Income Distribution, Political Instability, and Investment", *European Economic Review*, Vol.40, No.6, 1996, pp.1203-1228; Barro R.J., "Inequality and Growth in a Panel of Countries", *Journal of Economic Growth*, Vol.5, No.1, 2000, pp.5-32; Li H., Zou H., "Income Inequality is not Harmful for Growth: Theory and Evidence", *Review of Development Economics*, Vol.2, No.3, 1998, pp.318-334.

③ Ravallion M., "Good and Bad Growth: The Human Development Reports", *World Development*, Vol.25, No.5, 1997, pp.631-638.

④ Sen A., Miletzki J., "*Development as Freedom*", Oxford: Oxford University Press, 1999; Ravallion M., "Mashup Indices of Development", *World Bank Research Observer*, Vol.27, No.1, 2012, pp.1-32.

⑤ Klugman J., Rodríguez F., Choi H.J., "The HDI 2010: New Controversies, Old Critiques", *Journal of Economic Inequality*, Vol.9, No.2, 2011, pp.249-288.

时同步,如可以"先富"带动"后富"并最终实现共同富裕,这说明"总体富裕"和"共享富裕"也不是一个完全互补关系。[1] 推进共同富裕的方式是要在发展中实现共享,是全体人民通过辛勤劳动并共建共享的过程,而绝不是简单的劫富济贫,故发展和共享其实在一定时期内也应存在不同先后的侧重关系。在资源相对稀缺的前提下,总体富裕和共享富裕既不是完全替代关系,也不是完全互补关系,因此两者函数关系式只能是不完全替代关系。

在 2010 年新人类发展指数中,收入、教育、健康三个维度通过几何相乘方式构建;在共享繁荣和包容性增长评价中,"平均增长"和"共享增长"也是通过相乘方式来构建。[2] 采取相乘而不是相加的函数形式,不仅反映了不完全替代,而且意味着指标之间具有边际替代率下降的发展理念。以新人类发展指数为例,随着收入水平逐渐提高,以收入衡量的"健康价格"将会越来越贵,收入替代健康的比率会随着收入的提高而不断下降。[3] 由此可见,现实中要反映"总体富裕"和"共享富裕"的不完全替代性,则量化共同富裕就不能通过几个指标简单相加,否则会违背"发展"与"共享"背后所隐含的不完全替代关系。

二、共同富裕的指标选取

共同富裕是一个多维体系,它包括发展和共享两大方面。不过要进一步选择"发展"和"共享"的二级指标也需要认真讨论。选取指标是政

① Ferreira F.H.G., Galasso E., Negre M., "Shared Prosperity: Concepts, Data, and Some Policy Examples", *Economics and Finance*, 2021, pp.1-21.

② Rosenblatt D., McGavock T.J., "A Note on the Simple Algebra of the Shared Prosperity Indicator", *The World Bank Working Paper*, No.6645, 2013.

③ Ravallion M., "The Human Development Index: A Response to Klugman, Rodriguez and Choi", *Journal of Economic Inequality*, Vol.9, No.3, 2011, pp.475-478.

策分析的关键部分,指标选取好坏直接决定共同富裕衡量结果的合理程度。从指标选取原则来看,它包括过程导向和结果导向,同时也要兼顾短期和长期,并考虑理论与实际两个方面。

从短期的实际过程导向角度来看,一些研究利用多层次、多维度指标来反映"平衡发展程度"或者"经济共享程度",在发展维度层面一般用经济发展水平,但经济本身也是一个多维指标。在共享维度,一般用不平等水平反映一个国家的共享情况。如许宪春等(2019)利用 4 个一级指标、20 个二级指标、49 个三级指标构建了"平衡发展指数",韩保江和邹一南(2020)利用 4 个二级指标、26 个三级指标构建了"经济共享发展指数",它们包含了经济、政治、文化、社会、生态等多方面内容,最后加总得到综合指标。对共同富裕指标来说,我们也可以建立以过程导向为核心的监测指标体系。

由于发展和共享都包含了多层次含义,企图全部囊括进来并不现实,这反倒会使指标之间存在复杂的相互影响。虽然几十个分项指标的构建方法能紧扣共同富裕的内涵逻辑,但"好心也可能办坏事",过多指标进入方程式中会导致指标之间不能满足单调性、一致性、可加性等公理化准则,甚至最终结果可能会违背现实,这也是人类发展指数仅使用 3 个最简单指标的原因所在。从务实角度看,指标选取应尽量考虑数据可得性、结果可比性和可操作性,要考虑指标易识别程度、逻辑清晰程度,并能通俗易懂地反映问题的最主要方面。从政策研究和学术讨论来看,虽然对"发展"和"共享"的指标看法有差异,但得到最多认可、最具可比性的仍然是用人均国民收入反映"发展程度",同时用可支配收入基尼系数来反映"共享程度"。[1] 这既能满足指标间的单调性、一致性、同质性等公理化

---

① Deaton A., *The Analysis of Household Surveys: A Microeconometric Approach to Development Policy*, The World Bank, 1997, pp.2-14; Klugman J., Rodríguez F., Choi H.J., "The HDI 2010: New Controversies, Old Critiques", *Journal of Economic Inequality*, Vol.9, No.2, 2011, pp.249-288.

准则,而且在短期内还能捕捉共同富裕内涵的最主要方面。

第四节　共同富裕的量化与函数关系

一、共同富裕的函数关系

"总体富裕"和"共享富裕"是政策制定者的两大目标,由于两者并不是一一对应关系,我们可以借助经济学中的消费者选择理论,在要素相对稀缺的前提下,假设政策制定者目标为"共同富裕程度最大化",从而在"总体富裕"和"共享富裕"两者之间作出权衡选择。这里可以用经济学中无差异曲线来描绘"总体富裕"和"共享富裕"的关系,图 3-1 横轴为"总体富裕"维度,纵轴为"共享富裕"维度。在资源相对有限的情况下,"总体富裕"和"共享富裕"是政策制定者的两大目标,因此无差异曲线离原点越远,则共同富裕水平就越高。在这种情况下,"总体富裕"和"共享富裕"可能呈现三种关系,即完全替代、不完全替代与完全互补。[①]

一是完全替代,也就是图 3-1 中的 S1 线,可简要表示为式(3-1)。由于 S1 无差异曲线上所有点的共同富裕程度都一样,因此政策制定者选择左上端或右下端是完全一样的,左上端隐含着所有资源都用来满足"共享",而几乎没有"富裕",这是典型的"平均主义的贫穷"。右下端隐含着所有资源都用来满足"富裕",而几乎没有"共享",这又是典型的"两极分化的富裕"。显然,S1 曲线违背了前文的三个底线共识。

$$C + P = S1 \qquad\qquad (3-1)$$

---

① Klugman J., Rodríguez F., Choi H.J., "The HDI 2010: New Controversies, Old Critiques", *Journal of Economic Inequality*, Vol.9, No.2, 2011, pp.249-288.

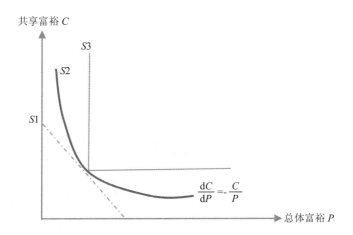

图 3-1　总体富裕和共享富裕的函数关系

资料来源：由笔者分析整理。

$$\min(C, P) = S2 \tag{3-2}$$

$$C \times P = S3 \tag{3-3}$$

二是完全互补，也就是图 3-1 中的 S3 线，可以用式(3-2)表示。由于 S3 曲线上所有点的共同富裕程度相同，因此这意味着任何"总体富裕"和"共享富裕"单方面的提升，都不可能提高共同富裕。仅提升经济发展水平或仅提升共享程度，共同富裕程度都不会发生任何改变。而只有"总体富裕"和"共享富裕"同时提高，共同富裕程度才有可能会提升，这其实又是典型的"同时同步同等富裕"概念，也违背了前面关于共同富裕的底线共识。

三是不完全替代，也就是图 3-1 中的 S2 线，可以用式(3-3)表示。S2 线反映了在资源有限的情况下，政策制定者需要在"总体富裕"和"共享富裕"两个维度之间做一定权衡，且这种权衡不会产生完全替代情形下的极端"角点解"，单个维度的提升也能增加共同富裕水平，因此这种情况能够满足前文的三个底线共识或基本假设。

从图 3-1 能发现,共同富裕既不是只有"总体富裕"而没有"共享富裕"的两极分化,也不是只有"共享富裕"而没有"总体富裕"的平均主义贫穷,共同富裕不是单方面发展的角点解,因此不是完全替代关系。"总体富裕"或者"共享富裕"的单维提升也能促进共同富裕,而不是说必须两者同时进步才能促进共同富裕,因此它们也不是完全的互补关系。简单对比发现,"总体富裕"和"共享富裕"的关系,应该采取式(3-3)的不完全替代函数关系。

这意味着随着效率水平提高,公平将变得越来越重要,即如果一个国家收入水平较高,收入差距也较大,那么对这个国家来说,进一步提升收入水平所伴随的收入差距扩大的代价也会很大。在人类发展指数中,这一假设也被用于讨论不同发展水平的健康"价格"。[1] 克鲁格曼(Klugman)认为,从现实角度出发,这种关系反映了不同发展水平对各个维度能力的不同重视程度,反映了在富裕或贫穷社会中非收入维度的重要性差异。[2]

值得注意的是,不完全替代函数关系式也同样有多种构造方式。在分析过程中,要尽可能使用简单的函数形式,并以通俗易懂的方式呈现。克鲁格曼认为,最普遍使用的简单关系式,分别为相加的算术平均和相乘的几何平均。由于算术平均会面临完全替代的等值关系,不符合中国特色共同富裕的内涵,违背我国历史上关于共同富裕的底线共识。所以,从一个务实且可靠的角度出发,使用发展和共享维度相乘的函数关系式是一个相对更好的选择。

---

[1] Ravallion M., "Troubling Tradeoffs in the Human Development Index", *Journal of Development Economics*, Vol.99, No.2, 2012, pp.201-209.

[2] Klugman J., Rodríguez F., Choi H.J., "The HDI 2010: New Controversies, Old Critiques", *Journal of Economic Inequality*, Vol.9, No.2, 2011, pp.249-288.

二、不完全替代关系的经济含义

如果采取相乘的方式来构建,其背后也隐含着重要的经济假设。在对 S2 无差异曲线两边求导后,可以得到"总体富裕"和"共享富裕"两个维度之间的边际替代率,如式(3-4)所示。若以 P 衡量"总体富裕"指标,C 衡量"共享富裕"指标,通过 P 对 C 的边际替代率 $\dfrac{\mathrm{d}C}{\mathrm{d}P}$ 函数关系式发现,随着 P 的不断提高,则边际替代率绝对值将不断下降。这意味着保持共同富裕不变,一单位"总体富裕" P 可换取的"共享富裕" C 会越来越少。如果把边际替代率反过来,式(3-5)以"总体富裕" P 来衡量"共享富裕" C 的"价格" VLC ,由此发现保持共同富裕 CP 不变,随着"总体富裕" P 的增加,"共享富裕" C 的价格 VLC 将会越来越高,也就是共享富裕的"价格"将会越来越贵。

$$MRS = \frac{\mathrm{d}C}{\mathrm{d}P} = -\frac{C}{P} = -\frac{CP}{P^2} \tag{3-4}$$

$$VLC = \frac{1}{MRS} = -\frac{P^2}{CP} \tag{3-5}$$

式(3-5)意味着随着总体富裕水平的提高,共享富裕将变得越来越重要,即如果一个国家收入较高且收入差距也较大,那么对这个国家来说,进一步提升收入所带来差距扩大的代价也会越来越高。[1] 反过来看,在相加的完全替代关系式中,或者取最小值的完全互补关系式中,都不能有效刻画这一经济含义,因此两个维度相乘的函数关系式是恰当的。

---

① Rallion M.,"Troubling Tradeoffs in the Human Development Index",*Journal of Development Economics*,Vol.99,No.2,2012,pp.201-209.

三、内涵维度与指标选择

在确定包含"总体富裕"和"共享富裕"两个维度后,具体选用不同指标也存在较大差异。现实中存在两种类型的指标体系:一类是以结果为导向的指标,体现人民实际享有的福利结果;另一类是以过程监测为导向,突出政策工具和具体的应对措施等内容。结合我国现实国情,党的十九届五中全会明确提出了基本实现共同富裕分"两步走"的战略,其中既有过程目标,又有结果导向,而且每个时期的共同富裕内涵也可能略有差异,因此共同富裕指标体系应具有一定的阶段性安排。我们认为,长期内可以将共同富裕设定为结果指标,但为反映发展过程也应考察指标的短期变化情况,从而监测共同富裕目标的实施进程。

从结果导向角度看,考虑到简单、务实、容易且普遍能接受,本书第四章仅使用两个代表性指标来衡量共同富裕。在"总体富裕"维度,只使用人均国民收入这个指标;虽然健康、教育、环境等也很重要,但企图全部包括进来不仅难以找到详尽数据,且即便考虑到也仍不能穷尽发展维度的其他"能力范畴"。[①] 所以就仅选择一个最具代表性、容易被接受也最能反映发展水平的指标,人均国民收入显然是一个最佳选择。另外,在"共享富裕"维度,我们只选择人均可支配收入基尼系数这一指标。实际上这里也有多种可能,如不平等测量也可以用不同群体的收入份额,测算指标也可以是消费或者财产,甚至还可以是教育和健康等。但变量定义相同的差距类指标少之又少,比较起来只有收入基尼系数的统计最全、最具可比性,且最受关注和认可。

---

① Ravallion M., "The Human Development Index: A Response to Klugman, Rodriguez and Choi", *Journal of Economic Inequality*, Vol.9, No.3, 2011, pp.475-478.

不过从现实应用角度看,大多数研究还是使用以过程导向为基础的指标体系,实际上还是选取多层次、多指标的过程导向型量化方式居多。[①] 所以在第四章基础上,第六章还进一步从过程导向出发,考虑共同富裕的所有重要内涵,推进综合性、全方位及全面性的共同富裕,并强调中国特色共同富裕的制度优势和政策措施,注重对省级单位推进共同富裕的情况进行指标监测和动态反馈。这种以过程导向为基础的共同富裕分析方法,是侧重从政策工具和具体措施角度全方位监测共同富裕变化情况,是在全国总体目标下统筹确定各省功能定位并评估其进展,并专题研究省级单位所面临的政策问题及挑战,从而为推进全国范围内的共同富裕目标而服务,由此具有很大的必要性和现实应用价值。

[①] 许宪春、郑正喜、张钟文:《中国平衡发展状况及对策研究——基于"清华大学中国平衡发展指数"的综合分析》,《管理世界》2019年第5期;韩保江、邹一南:《中国经济共享发展评价指数研究》,《行政管理改革》2020年第7期。

第四章 中国特色共同富裕的
量化方法与检验

　　在新发展阶段下,党中央明确提出共同富裕时间表并制订行动方案,这在全球范围内还是首次,特别是像中国这样明确放入国家远景目标来逐步推进的国家则没有。所以有必要去构建一个具有中国特色还能观测历史发展趋势的共同富裕量化方法。这不仅可以客观监测我国在面向2035 年时的前进方向和政策路径,还能发现中间可能出现的各种问题和挑战,所以具有明显的现实含义和应用价值。

　　在明确共同富裕的目标内涵、方向任务的基础上,本章继续从国际与国内、理论与实践相结合角度,研究共同富裕的指标体系和界定标准,设计能横向和纵向比较的共同富裕量化方法。我们侧重从结果导向出发,讨论指标间的单调性、一致性、同质性等公理化准则,还从指标维度、函数构建、权重选择和标准化等角度,对共同富裕量化方法进行全方位检验。在稳健性方面,本章还比较共同富裕量化方法和人类发展指数、共享繁荣指数的技术差异,且根据收入和区域分组描述 1990—2020 年各地区共同富裕程度及其变化情况。①

---

① 本章部分内容来自万海远、陈基平:《共同富裕的理论内涵与方法应用》,《财贸经济》2021 年第 12 期。

　　虽然我们从中国特色共同富裕的内涵出发,构建了可以横向与纵向比较的共同富裕量化方法并应用到某些国家,有时也在不同地方混合使用共享发展与共同富裕的概念。但这只是说很多国家也在努力推进共享发展,但绝不是说这些国家也能最终实现共同富裕,毕竟我们强调实现共同富裕是社会主义才具有的本质特征。

第一节　结果导向的共同富裕量化方法

一、共同富裕的函数形式

　　关于发展和共享的衡量方式有很多,可以加入更多维度、更多含义的指标,但指标越多则指标解释的故事就越复杂,指标之间关系的假设就越多。如在加入教育维度后,如何判断教育和发展、教育和共享的关系? 它们是否也满足如发展和共享之间的不完全替代关系? 指标越多则需要讨论的假设就越多,指标更多也并不能证明指标就更优越,反而可能起到"好心办坏事"的效果。[1] 所以,指标选取数量与指标易于理解就成为一个平衡取舍问题。[2] 我们并不认为人均国民收入和可支配收入基尼系数就能完全反映"发展"与"共享"的所有方面,但结果评价不仅需要考虑全面性,也需要考虑数据可得性和可比性,使用这两个指标虽然也存在不同观点讨论,但是相比其他可得指标的接受程度却是最

---

　　① Ravallion M., "Troubling Tradeoffs in the Human Development Index", *Journal of Development Economics*, Vol.99, No.2, 2012, pp.201-209.

　　② Klugman J., Rodríguez F., Choi H.J., "The HDI 2010: New Controversies, Old Critiques", *Journal of Economic Inequality*, Vol.9, No.2, 2011, pp.249-288.

高的。

回顾人类发展指数的设计过程,它只包含了收入、健康和教育三个维度,其含义就是:"人的发展是一个扩大选择的过程,而最关键的是拥有健康长寿的生活、可以获取知识以及拥有体面的生活水平这三个维度,如果没有这三个维度那么其他任何机会也将难以得到。"[1]李金昌等(2019)也强调指标体系的设计要抓住问题的最主要维度,而不是面面俱到。[2]对于共同富裕来说,最重要的就是发展与共享两个维度,也就是增长和分配、公平和效率、做大"蛋糕"和分配"蛋糕"的逻辑关系。共同富裕原则上包括总体富裕和共享富裕这两个方面,因此经济增长和收入分配指标缺一不可。秉承这种设计思路,用人均国民收入和人均可支配收入基尼系数来衡量"发展"与"共享"。

在前一章基础上,本章基于2010年新人类发展指数的构建方式,从结果导向并使用更少指标角度出发,考虑指标的单调性、一致性、同质性等公理化准则来量化共同富裕(也可简称共享发展函数)。如前所述,共同富裕可分为"总体富裕"和"共享富裕"两个维度,而且从务实和简单角度可以通过相乘的几何平均形式来构建。在"总体富裕"方面,用人均国民收入($PGNI$)作为衡量发展水平的指标;在"共享富裕"方面,用人均可支配收入基尼系数($Gini$)来反映社会共享程度。在发展维度对人均国民收入取对数,并对两个维度指标进行标准化处理之后,即可通过两个维度相乘的方式构造同等权重的共同富裕函数CP,见式(4-1),下面从多个角度展开对该函数的技术讨论。

---

[1] United Nations Development Programme(UNDP),"*Human Development Report*",Oxford University Press,New York,1990,pp.2~23.

[2] 李金昌、史龙梅、徐蔼婷:《高质量发展评价指标体系探讨》,《统计研究》2019年第1期。

$$CP_j = 100 \times (H_{PGNI} \times H_{Gini})^{1/2} = 100 \times \sqrt{\frac{\ln(PGNI_j) - \ln(PGNI_{min})}{\ln(PGNI_{max}) - \ln(PGNI_{min})}} \times$$

$$\sqrt{\frac{Gini_{max} - Gini_j}{Gini_{max} - Gini_{min}}} \qquad (4-1)$$

进一步看,如果指标的单位差异导致函数相对大小出现不同,就会造成结果的不稳定。故式(4-1)要对人均国民收入和基尼系数进行标准化处理,使指标单位变化也不会改变结果在样本中的相对位置。我们选择样本最小值和最大值作为指标的取值范围,这样就可以让共同富裕函数具有横向与纵向可比性。[①]另外考虑到公理化准则,克鲁格曼建议函数关系式不采用其他不完全替代关系式(如常数替代 CES 函数),而使用经典的柯布—道格拉斯函数(C-D 函数),因为它能满足函数的无标度假设,且具有技术表达简单的特点。[②]

二、指标权重考虑

既然共同富裕涉及增长和分配两个正交侧面,如何界定两者组合方式和权重就很关键。实现共同富裕的基本前提是要解放和发展生产力,我国目前共同富裕的内涵首先还是要总体富裕,保持经济增长仍然是第一条。同时,经济增长不会简单地解决分配问题,因此就应该把分配问题作为专门任务来抓,"决不能允许贫富差距越来越大"[③],在实现全面小康

[①]　Klugman J., Rodríguez F., Choi H.J., "The HDI 2010：New Controversies, Old Critiques", *Journal of Economic Inequality*, Vol.9, No.2, 2011, pp.249-288.

[②]　Klugman J., Rodríguez F., Choi H.J., "The HDI 2010：New Controversies, Old Critiques", *Journal of Economic Inequality*, Vol.9, No.2, 2011, pp.249-288.

[③]　习近平：《把握新发展阶段,贯彻新发展理念,构建新发展格局》,《求是》2021 年第 9 期。

的基础上,需要把更大精力放在共享发展方面,尤其是在当前"共享"维度面临较大挑战的背景下更是如此。综合考虑以上两个方面,所以本章把两方面指标权重都设定为50%,这种权重设定本身就体现共同富裕的中国特色。从技术方面考虑,克鲁格曼讨论了不同权重设定下人类发展指数的合理程度,发现等权重设定方式也更符合现实情况。[1]

根据前文的理论内涵,不完全替代关系要求总体富裕和共享富裕满足边际替代率递减规律,即在总体富裕到一定程度后共享富裕会更加重要,这时候需要更多侧重共享富裕的方面,几何平均的函数形式可以满足这一点。而且随着收入水平提高,人均国民收入对共同富裕的边际贡献会逐渐下降。式(4-1)的双对数函数形式,就隐含假设了贫穷国家优先发展经济、富裕国家着重考虑共享的含义,意味着在经济欠发达时应优先发展经济并走出贫穷陷阱,而在经济水平达到一定程度后则应重视收入分配,避免出现两极分化的富裕。我们认为,"平均主义的贫穷"和"两极分化的富裕"都不是想看到的结果,所以上述的双对数假设与中国特色共同富裕的内涵理解是一致的,也是逻辑自洽的。

三、数据来源与处理

衡量收入差距的基尼系数主要来自全球不平等数据库(World Inequality Database,WID),该数据跨度时间较长(大部分国家为1980—2020年),且已经调整了收入定义,因此不同国家或地区的基尼系数可以

---

[1] Klugman J.,Rodríguez F.,Choi H.J.,"The HDI 2010:New Controversies,Old Critiques", *Journal of Economic Inequality*,Vol.9,No.2,2011,pp.249-288.

做横向比较。[1] 但全球不平等数据库多期可比的长面板数据只有 37 个经济体,且主要以发达经济体为主,所以本章还使用联合国大学世界发展经济学研究所(UNU-WIDER)数据库,它包括全球大多数国家各种不同的收入差距数据来源,收集了 1951—2020 年以来共 217 个经济体的收入分配指标,但是不同国家收入定义、基尼系数计算方法差别较大。为增强数据质量和指标可比性,我们仅使用 WID 数据库中的人均支配收入概念,同时使用家庭所有成员人均层面的可支配收入差距,剔除非官方、不可靠的基尼系数来源。[2]

各国人均国民收入数据,来源于世界银行的全球发展指标数据库(WDI),该数据涵盖 1960—2020 年共包含发达国家和发展中国家在内的 264 个国家或地区,而且该指标通过购买力平价换算成美元单位,横向与纵向都具有较强可比性。值得说明的是,由于受 2020 年全球新冠肺炎疫情冲击,很多国家指标都有较大跳跃,再考虑到 2020 年各国指标的公布完整性也不高,因此部分使用 2019 年数据作为替代。

我们采取两种方案,来同时反映横向和纵向的全球共享发展情况。在横截面上找到尽可能多的样本,体现全球层面代表性。在处理上将 2020 年缺失基尼系数的国家或地区,用最近年份的基尼系数代替,但最早替代年份不能早于 2015 年,由此得到 162 个国家或地区数据(其中包

---

① Piketty T., Saez E., Zucman G., "Distributional National Accounts: Methods and Estimates for the United States", *Quarterly Journal of Economics*, Vol.133, No.2, 2018, pp.553-609.

② 一些国家不统计可支配收入指标而仅能找到等值收入(Equivalent Scale)的基尼系数,包括卡塔尔、加拿大、澳大利亚、日本、新西兰、以色列、韩国、塞尔维亚、土耳其和牙买加,这些国家数据质量较好,为提高全球可比性我们也将其纳入数据库中。这些国家以高收入水平、低收入差距经济体为主,即便剔除也不会对总体结果造成显著影响。资料来源:世界银行 WDI 来自 https://data.worldbank.org/;国际货币基金组织 IMF 数据来自 https://data.imf.org/;国际劳工组织 ILO 数据来自 https://ilostat.ilo.org/;联合国大学世界发展经济学研究所(UNU-WIDER)数据库来自 https://www.wider.unu.edu/project/world-income-inequality-database。

含 50 个高收入经济体、42 个中高收入经济体、44 个中低收入经济体和 26 个低收入经济体),我们用这些国家或地区构建 2020 年横截面数据库。

为了解中国在最近几十年的共享发展变化,这就要求样本必须是一个平衡面板,所以我们选取 1990—2020 年,考察每 5 年间隔的变化情况,对于时间节点缺失的数据,用该时间点附近 2 年内的基尼系数代替,最终得到 67 个国家或地区 7 个时间段的平衡面板数据。使用世界银行 1990 年的收入划分标准,这 67 个经济体中有 14 个高收入经济体、22 个中高收入经济体、7 个中低收入经济体和 24 个低收入经济体。

第二节　共同富裕的函数讨论

下面从指标维度选择、标准化门槛、无标度假设、权重设定以及函数形式等多角度考察共同富裕量化方法的特点,以便于理解该函数的优缺点,也为后文实证分析提供可靠保证。

一、标准化与门槛讨论

式(4-1)对人均国民收入和基尼系数进行标准化处理,这是因为共同富裕程度的绝对值并没有实质含义,其背后的相对大小才是重点。另外,共同富裕程度应明确一个大小区间,否则具体大小就没有尺度来衡量,这就要求对人均国民收入和基尼系数进行标准化,以保证共同富裕值在区间范围内可以比较。通过标准化使共同富裕的取值范围固定在 0—100,标准化处理后不会改变人均国民收入和基尼系数在样本中的相对位置,当一国人均国民收入越高、基尼系数越小,那么共同富裕 CP 值就会越接近于100;当一国人均国民收入越小、基尼系数越大,那么 CP 值就会越接近于0。

标准化过程中需要选取最大值和最小值,并考虑是否需要门槛的问题。如果没有门槛,那么每一个截面年份的最小值和最大值都在变化,这样反映不出随时间的趋势变化;[①]如果有门槛,那选择什么水平作为最高或最低? 一个可供选择的方式是,寻找一个可接受的不随时间变化的静态门槛,如人类发展指数就曾使用给定的最低—最高教育区间、最低—最高寿命区间等。对于共同富裕程度也需要选择这样的区间,如假定基尼系数区间为0.2—0.6,由于低于0.2或者高于0.6的样本较少,最低的0.19调整为0.20对于相对顺序来说没有本质影响,所以将那些低于0.2的数值都替换为0.2,同时将那些高于0.6的数值都替换为0.6。这样可以让样本中的非平衡观测值也可以估计共同富裕值,而不再需要考虑样本不同则最大值、最小值就不同的情况,而且共同富裕程度的样本数也会更多。

尽管设定静态门槛有这样的优势,但是门槛决定本身却存在较大程度上的主观判断。尤其是当存在多个衡量指标时,要对每个指标都设定一个理想的目标最大值就更加困难,主观设定时也会存在明显的定性判断差异。原人类发展指数曾选择生存线作为最低门槛、人均国民收入在4万美元为最高门槛,但研究发现截断过后原人类发展指数不同维度之间的替代性会明显偏大[②],不利于反映真实世界的现实情况,于是新人类

---

① 李金昌、史龙梅、徐蔼婷:《高质量发展评价指标体系探讨》,《统计研究》2019年第1期。

② Ravallion M., "The Human Development Index: A Response to Klugman, Rodriguez and Choi", *Journal of Economic Inequality*, Vol.9, No.3, 2011, pp.475-478.

发展指数就采用样本期间的最小值和最大值作为指标门槛。[1]

二、无标度假设

式(4-1)采用经典的 C-D 函数关系式,而没有采用其他可能的不完全替代关系式(如 CES 函数)。这是因为几何平均的乘积形式容易理解,而且它还能满足综合指标的无标度假设(Scale Invariance)。[2] 下面用式(4-2)和式(4-3)作简单说明。如果人均国民收入的衡量单位发生变化,如用与常数 k 的乘积来表示,那么在式(4-2)中,共同富裕值仅仅乘了一个常数,此时人均国民收入和基尼系数的相对权重没有发生变化,故共同富裕值相对顺序也不会发生任何变化。然而在式(4-3)中,由于常数 k 无法作为公因子提取出来,会影响人均国民收入和基尼系数之间的相对权重,因此式(4-3)会仅仅因为衡量单位发生变化而影响值的相对顺序,这就违背了无标度假设。这种情况似乎可以通过标准化直接处理成相同单位来解决,但在标准化过程中式(4-3)也需要处理最小值和最大值的单位选择问题,故最小值和最大值的单位变化,仍然会影响人均国民收入和基尼系数之间的相对权重。

$$CP = C^a \times P^b \Rightarrow CP' = C^a \times (kP)^b = k^b \times CP \tag{4-2}$$

$$CP = k \times (C^r + P^r)^{1/r} \Rightarrow CP' = (C^r + (kP)^r)^{1/r} = (C^r + k^r \times P^r)^{1/r} \tag{4-3}$$

应该说,函数关系式和权重具有密切关系,若不考虑这些关系,甚至

---

[1]　Klugman J., Rodríguez F., Choi H.J., "The HDI 2010: New Controversies, Old Critiques", *Journal of Economic Inequality*, Vol.9, No.2, 2011, pp.249-288.

[2]　无标度假设(Scale Invariance)是指标衡量单位不应影响最终计算结果,例如人均国民收入的单位可以用 1 美元、1000 美元或者 10000 美元,但不同单位进入指标后,最终的共同富裕估计结果不应发生变化。

在函数构建中包含了多个指标、多种单位、多个门槛,并且简单相加,则会误导实际估算结果。克鲁格曼明确提出,在指标算术平均和其他替代弹性不等于1的函数关系式中,都无法考虑这些指标之间的实际权重,因此都不能满足无标度假设。[①]

三、等权重设定

满足无标度假设的相乘形式并不需要等权重设定,因此在式(4-2)中人均国民收入和基尼系数可以不按照 $a=b=\dfrac{1}{2}$ 的等权重形式,不过选用何种权重其实是一个主观判断问题。有观点认为,对低收入地区来说,用收入差距扩大来适当换取经济发展是可以接受的,因此发展比共享应该有更多的权重。也有一些研究认为,对于高收入国家来说,因为收入差距过大已反过来制约经济进一步发展,如果不解决收入差距问题将会陷入增长陷阱,于是共享比发展更加重要。这两种定性判断并无对错,说明在现实中发展和共享的相对权重需要根据国情作具体考虑。现实中,新加坡的发展水平较高、分配差距较大,而吉尔吉斯斯坦的发展水平很低、分配差距很小,因此它们对共享和发展维度的权重设置就可能存在差异。新发展阶段下,发展和共享对我国共同富裕同样重要,因此可以采取等权重来设置,这既能考虑中国当前的发展阶段,也能体现以人民为中心的发展理念等,由此真正体现共同富裕的中国特色。[②]

下面从实证上继续检验不同权重设定带来的共同富裕函数稳定性

[①]　Klugman J., Rodríguez F., Choi H.J., "The HDI 2010: New Controversies, Old Critiques", *Journal of Economic Inequality*, Vol.9, No.2, 2011, pp.249-288.

[②]　人类发展指数将收入、健康、教育三个维度作为最重要的三个方面,设计时也分别给予三个维度各自三分之一的权重。

及经济含义。首先,在式(4-1)中给予发展维度不同权重($a=0.8$,$b=0.2$或$a=0.2$,$b=0.8$),图4-1(a)展示了共同富裕程度与上面等权重($a=0.5$,$b=0.5$)共同富裕估计值之间的关系,发现无论给予人均国民收入更低权重还是更高权重,它们和等权重共同富裕结果都呈强正相关,说明权重选取的结果影响并不大。其次,考察不平等的"价格"。以人均国民收入作为价格的衡量单位,发现随着收入水平提高则"不平等价格"逐步上升。在不同权重设定下,人均国民收入的权重设定越大则"不平等价格"变化的幅度就越小,权重设定越小则"不平等价格"变化幅度就越大,而等权重设定则让"不平等价格"处于中间位置。如果以人均国民收入作为单位价格来衡量,则基尼系数的价格也就与人均国民收入权重的大小成反比。

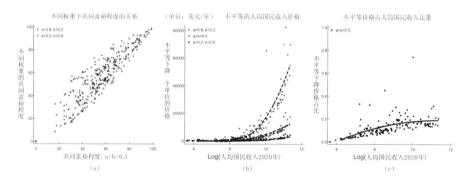

图4-1 共同富裕程度与权重选择

注:"不平等价格"借鉴拉瓦林(Ravallion,2012)的公式计算所得:$VLE = \dfrac{Y(\ln Y - \ln Y_{min})}{LE - LE_{min}}(LE > LE_{min})$,$Y$为人均国民收入,$LE$为健康等非收入维度指标,此处共享指标用基尼系数代替。

计算发现,在权重$a=0.8$,$b=0.2$时,2020年人均国民收入较高的瑞士,其"不平等价格"为69805美元/年,高达其年人均国民收入的82%,而人均国民收入偏低的马拉维,"不平等价格"仅为22美元/年,仅占其人均国民收入的 6%。尽管我们能接受贫穷国家"不平等价格"没有发达国家那么昂贵，但瑞士的收入差距每下降一个单位，人均国民收入要下降 82% 作为代价，这显然是对发达国家不平等给予过多的重视了。[①]同样，当假设权重 $a = 0.2$，$b = 0.8$ 时，瑞士的"不平等价格"仅占人均国民收入的 5%，而马拉维"不平等价格"占人均国民收入的 0.4%，在这种设定下贫穷国家的"不平等价格"又过分廉价了。

值得说明的是，每一种权重设定方式背后都是主观判断，很难说哪一种选择更为正确，但从结果稳定性和合理性角度考虑，过高或过低都不太符合现实情况，折中选择可能更符合经济常理或直觉。[②] 为此，从"发展"和"共享"对共同富裕同样重要的理论假定出发，以及从折中选择权重的角度看，图 4-1(b) 选择等权重（$a = b = 0.5$）方式来构建函数关系式是相对合适的，由此也体现中国特色的设计理念。在这种设定下，收入最高的瑞士"不平等价格"占人均国民收入 20%，并不是一个异常高的数值，而马拉维"不平等价格"占人均国民收入的 1.4%，也不是一个太低的数值，都较符合经济直觉。

四、函数形式

上文发现指标权重与"定性判断"的关系，现实中发达国家不平等代

---

① 有观点提出发达国家基尼系数已经很小，所以下降一单位的价格会很"昂贵"，而贫穷国家基尼系数偏高，所以下降相对容易一些，这种观点值得商榷。首先，贫穷国家的基尼系数并不一定容易下降；其次，基尼系数高的国家，不平等价格也并不一定低。以美国为例，在上述权重下美国的不平等价格是其人均国民收入的 125%，这也是一个非常"昂贵"的价格。因此不是基尼系数小所以"不平等价格"高，而是因为发达国家的收入高和给予了不平等很高的权重（$a = 0.8$，$b = 0.2$）。

② Ravallion M.，"Troubling Tradeoffs in the Human Development Index"，*Journal of Development Economics*，Vol.99，No.2，2012，pp.201-209.

价确实远高于贫穷国家。在相等权重设定下,瑞士的"不平等价格"绝对值为 17451 美元/年,而马拉维的"不平等价格"仅为 5.57 美元/年,两者绝对值之比高达 3133 倍,而两者人均国民收入的比值仅为 225 倍,这说明在分析过程中,我们默认发达国家应更加重视共享维度,而欠发达国家发展维度则相对更加重要。出现上述巨大差异是因为对收入维度采取了两次凹函数处理,即先对收入维度取对数,并在两个维度之间求几何平均,这样做就会放大非收入维度变化的价格差异。这说明函数形式对指标关系具有重要影响。在人类发展指数的设计中,有学者就曾批评收入双对数的函数形式,认为其忽略了非收入维度对欠发达地区的重要性[1],拉瓦林(2012)提出可以用收入维度的指数函数形式来构造加总函数,这样就可以减缓发达国家和欠发达国家在非收入维度间的巨大价格差异。[2]

下面通过构造指数函数的共同富裕量化方法,来比较与上面 C-D 函数关系的差异及其适用性。拉瓦林(2011)提出可以用连续、递增且满足严格凹性的函数来替代,其中函数 $f(x)$ 应该满足 $f(0)=0$, $f(1)=1$ 的性质。[3]同时查克拉提(Chakravarty,2011)进一步建议使用 $f(x)=x^r$ ($0<r<1$) 的函数形式,这样能严格满足单调性、加总一致性以及对称性等多个公理化特征。[4] 于是可以构造式(4-4)的共同富裕衡量方法(其中, H_{pgni} 和 H_{gini}

---

① Ravallion(2012)在对新人类发展指数的批评中,指出人均国民收入应该以指数形式进入人类发展指数,这样才能符合现实中欠发达地区应优先重视健康、教育等发展维度的结论。值得留意的是,联合国在 2011 年后仍然采取人均国民收入的对数形式,这其实仍然默认欠发达地区应优先重视经济发展。Ravallion M.,"Troubling Tradeoffs in the Human Development Index",*Journal of Development Economics*,Vol.99,No.2,2012,pp.201-209.

② Ravallion M.,"Troubling Tradeoffs in the Human Development Index",*Journal of Development Economics*,Vol.99,No.2,2012,pp.201-209.

③ Ravallion M.,"The Human Development Index:A Response to Klugman,Rodriguez and Choi",*Journal of Economic Inequality*,Vol.9,No.3,2011,pp.475-478.

④ Chakravarty S.R.,"A Reconsideration of the Tradeoffs in the New Human Development Index",*Journal of Economic Inequality*,Vol.9,No.3,2011,pp.471-474.

分别为标准化的人均国民收入和基尼系数,两者都通过指数化形式进入函数)。与前面一样,通过求导计算也可以得到"不平等价格" VLC 的关系式(4-5)。

$$CP^c = [f(C) + f(P)] / 2 = (H^r_{pgni} + H^r_{gini}) / 2 \qquad (4-4)$$

$$VLC = \left(\frac{pgni - pgni_{\min}}{gini - gini_{\min}}\right)^{1-r} \times \left(\frac{pgni_{\max} - pgni_{\min}}{gini_{\max} - gini_{\min}}\right) \qquad (4-5)$$

图 4-2 展示了在不同权重参数 r 的假设下,指数函数下的估计结果。首先,图 4-2(a)发现不同权重假设下共同富裕结果的相关性较弱,说明若参数 r 选取不同,则估计结果的相对顺序会有较大不一致。其次,图 4-2 显示"不平等价格"仍然随收入提高而迅速提高,即便选择 $r = 0.5$ 的函数形式,最高的卡塔尔的"不平等价格"为 13530 美元,最低的马拉维只有 103 美元,两者绝对值之比仍然高达 131 倍。最后,图 4-2(c)显示"不平等价格"随人均国民收入增长而出现下降的现象,人均国民收入 380 美元的马拉维要拿出 27% 的年人均国民收入来降低 1 单位基尼系数,而人均国民收入高达 65850 美元的美国却只需要拿出 3.7% 的年人均国民收入来降低 1 单位基尼系数。这可能恰好颠倒了两个发展阶段不同的经济体对发展和共享的相对重要程度,因此经济直觉上可能也不太合理。

综合上面的证据,我们发现查克拉提(2011)提出的指数函数虽然能满足一些数理化特征,但两者的关系替代率水平却与现实有较大差距。[1] 综合考虑后,本章从简单务实、通俗易懂的角度,仍然采取相乘关系式而不是指数函数的技术方法。在发展与共享取相乘关系式下,若所有维度都取最小值,则共同富裕程度相应等于最小值 0;当所有维度都取最大值,则估计结果相应等于最大值 100,因此满足标准化性质(Normalization)。

---

[1]　Chakravarty S. R., "A Reconsideration of the Tradeoffs in the New Human Development Index", *Journal of Economic Inequality*, Vol.9, No.3, 2011, pp.471-474.

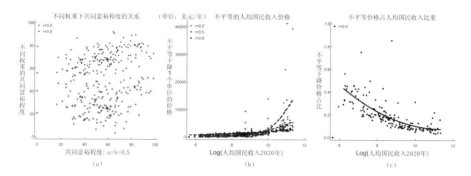

图4-2 指数函数的共同富裕分析结果

资料来源:由笔者整理计算。

当某个维度值增加时,共同富裕程度也会增加,因此也满足单调性(Monotonicity);另外,当某个维度及其最小值和最大值同乘一个数,也并不会改变共同富裕程度的大小,因此也满足同质性(Homogeneity)。但由于共同富裕量化时的指标相乘关系,故技术方法不能满足可加性(Aggregation)和可分解性(Decomposability)。

与选择权重问题一样,发展和共享对谁更重要也是一个定性判断问题。虽然很难辨析对欠发达经济体来说,优先发展经济还是优先发展教育健康对国家提升更好,但对于共同富裕来说却有所不同。从前文假设出发,"平均主义的贫穷"和"两极分化的富裕"都是我们不想看到的结果,因此在总体贫困时应优先发展经济、在富裕程度到达一定程度后着重考虑共享是自然而然的过程。共同富裕是一个综合指标方法,就像多维贫困指数一样,发展高、共享低与共享高、发展低的国家可能具有同等的共同富裕程度。任何一项存在"短板"都将影响综合结果,收入水平下降或不平等扩大,都有可能使共同富裕程度下降,因此提高共同富裕的有效措施就是要补齐短板,不断提高富裕水平和缩小不平等程度。这样的假设和定性判断意味着,对于欠发达经济体应优先发展经济,走出平均主义的贫穷陷阱,而对于发达经济体则应更加重视共享,避免出现两极分化的富裕。①

五、过程与目标设定

关于共同富裕究竟是一个过程还是一个目标一直存在较多讨论。虽然共享繁荣和共同富裕理念有相对接近的方面,但共享繁荣指数选取的指标为最低40%收入群体的收入增长率,这个指标只能反映共同富裕过程,是一个纯流量指标,不是一个存量指标。在现实中一些欠发达经济体起点低但发展较为迅速,由此欠发达地区的共享繁荣程度比发达国家还高,这样横向对比后的结果让人难以接受。例如,近年来巴西、印度最低40%低收入群体的年收入增长率分别为6%和3%,而美国低收入群体收入几乎没有增长,这样看会发现巴西、印度的共享繁荣做得更好,但现实却是美国最低40%的低收入群体收入是巴西的5倍,是印度的13倍左右。②

不过共同富裕只看存量目标也不行。人类发展指数偏向于形成一个目标导向的指标,在变量标准化过程中将最小值设定为最低生存水平值,而将样本中的最大值设定为指标最大值。但一些发展中国家增长迅速,因此若只看存量水平而不看流量变化,就不能体现这些发展中国家的进

---

① 值得注意的是,对人均国民收入使用对数形式还有以下考虑。第一,总体富裕和共享富裕需要满足边际替代递减,当总体富裕达到一定程度则共享富裕就会更加重要,这时候愿意用更多总体富裕来换取共享富裕的进步,几何平均的函数形式满足了这一点。第二,人均国民收入对总体富裕维度的作用需要满足边际替代率递减,当人均国民收入采用对数形式,说明随着收入水平提高人均国民收入对发展的边际贡献将会逐步下降,这其实已被人类发展指数所证明。

② Ferreira F.H.G., Galasso E., Negre M., "Shared Prosperity:Concepts, Data, and Some Policy Examples", *Economics and Finance*, 2021, pp.1-21.

步情况。发达国家在国际金融危机后经济增速普遍下降,如果只看它们的静态收入,则其共享发展情况会一直比其他地区更好,显然也不能反映近年来国家间的趋同变化。①

共同富裕应该既关注过程,也关注结果。如果关注政策执行过程,共同富裕量化时应该包含不同维度的多种过程指标。但如果注重政策实施结果,则可以仅关注不同政策影响下的最终结果指标,例如收入达到多少,或者贫富差距控制到多少才算是共同富裕。在当前共同富裕内涵存在一定讨论空间的背景下,主观设定到2035年共同富裕指标应达到多少的具体数值目标,可能会存在较多不同观点。而且随着国际环境的动态变化,共同富裕标准也应该是不断变化的,因此不宜简单设置一个静止不变的绝对目标。

第三节　共同富裕量化方法的检验

一、共同富裕程度及其构成

基于式(4-1)的共同富裕函数形式及手工收集的全球主要经济体数据,我们计算了不同经济体的共享发展程度,图4-3展示了162个国家或地区共同富裕结果与人均国民收入、可支配收入基尼系数的关系,从中发现共同富裕和人均国民收入总体呈正相关关系,但在顶部有下垂现象。随着人均收入的提高,共同富裕程度先逐步上升,但随着人均国民收入进一步提高,共同富裕程度似乎有下降趋势。目前,很多美欧国家就处于这

---

① Ferreira F.H.G., Galasso E., Negre M., "Shared Prosperity: Concepts, Data, and Some Policy Examples", *Economics and Finance*, 2021, pp.1-21.

个停滞阶段,经济增长乏力且贫富差距出现新的扩大趋势,共享发展程度徘徊不前。因此,正如马克思主义者的观点那样,虽然资本主义国家的共享发展程度在短期内较高,但最终却无法实现共同富裕。

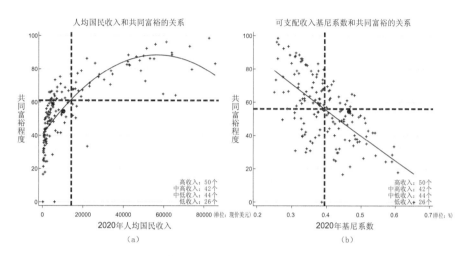

图 4-3　共同富裕程度和人均国民收入与基尼系数关系

资料来源:由笔者整理计算。

图 4-3(a)发现基尼系数与共同富裕结果呈明显负相关,收入差距较大的国家或地区,大概率共同富裕结果也会偏低。综合来看,一些国家或地区虽然收入较高,但是收入差距也较大,最后共同富裕程度偏低(如新加坡和美国)。而一些国家或地区虽然收入不是很高,但收入差距很低,最后共同富裕程度反而相对较高(如法国、英国等)。北欧国家不仅收入较高,且收入差距也很低(如瑞典、丹麦、挪威等),因此在短期内共同富裕程度相对更高。

我国共同富裕程度接近 162 个经济体均值,这主要是因为我国基尼系数明显高于全球均值,收入差距偏大抑制了共享发展维度。不过共同富裕是社会主义的本质要求,体现鲜明的中国特色和时代特征。在短期内,西方国家通过一些措施手段实现了较高的发展水平和较低的收入差距,但在不根本改变生产关系的前提下,它们不可能实现高标准的共同富裕,尤其是我国人均国民收入快速增长,收入差距水平也有很大的缩小空间和可能,因此还是要坚持社会主义最终能实现共同富裕的制度自信。

二、共同富裕替代方法检验

共同富裕量化方法虽然衡量了国家平均发展和平均共享的程度,但有时更加关注低收入人群的共享发展,而不是整体人均层面的共享富裕,如果无法反映上述异质性,就需要对目前的共同富裕技术方法进行补充检验。实际上,新人类发展指数就利用性别不平等以及多维贫困等指标,对原人类发展指数进行了补充检验。[①] 在共享富裕维度,我们用最低 40% 收入群体的收入来替代整体低收入群体的收入,也利用最高—最低收入比、最高 10% 人群的收入份额来代替基尼系数指标,并对共同富裕结果进行稳健性检验。另外,还使用总体国民收入(GNI)来代替人均国民收入($PGNI$),来检验共同富裕函数中总体富裕维度指标的稳健性。

从图 4-4(a)看到,无论是低收入群体的收入还是消费,用低收入发展水平替代后的共同富裕程度和原共同富裕技术方法给出的结果都具有明显正相关,说明低收入共同富裕程度更高的地区,其整体共同富裕情况也更好。从图 4-4(b)看到,用国民总收入替代的共同富裕结果和原共同富裕估计结果也具有显著正相关,说明总体发展与共享更好的地区,人均层面的共同富裕程度也明显更高。

---

① Klugman J., Rodríguez F., Choi H.J., "The HDI 2010: New Controversies, Old Critiques", *Journal of Economic Inequality*, Vol.9, No.2, 2011, pp.249-288.

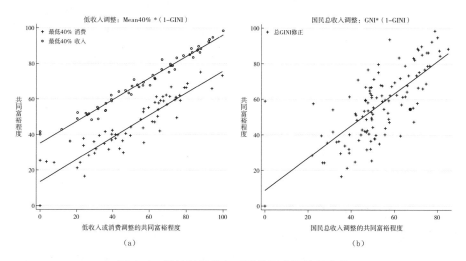

图4-4　调整国民收入后的共同富裕结果比较

注:低收入人群的收入或消费数据来自共享繁荣数据库(Global Database of Shared Prosperity);高低收
　　入比值、最高10%收入组份额数据均来自联合国大学的全球发展数据库,为保持可比性仅使用与
　　前文测算收入基尼系数相同定义的样本。

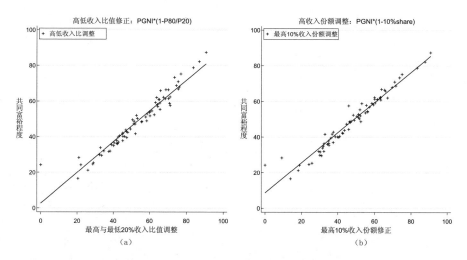

图4-5　调整共享维度后的共同富裕分析结果

注:高低收入比值、最高10%收入组份额数据均来自联合国大学的全球发展数据库,为保持可比性仅
　　使用与前文测算收入基尼系数相同定义的样本,总共有75个经济体。

　　图4-5展示了共享维度调整的共同富裕程度和原共同富裕估计结
果之间的关系。发现无论是利用高低收入比还是最高10%收入份额来衡量共享程度,都发现两者结果与原共同富裕结果呈现很强的正相关,说明无论如何替代检验,共同富裕的相对大小情况都没有明显变化。综上发现,无论是对发展维度还是共享维度进行检验,替代前后的共同富裕结果都具有较强稳定性。值得说明的是,不同指标替代检验只能反映对共同富裕的不同理解,并不能证明这些处理方法更好,实际上这些指标的数据可得性还不如人均国民收入和可支配收入基尼系数。

三、共同富裕与相关指数检验

图 4-6 展示了共同富裕量化结果和人类发展指数、共享繁荣指数之间的关系。图 4-6(a)显示,人类发展指数越高的地区,共同富裕程度也越高(如瑞典、挪威、丹麦等北欧国家);而人类发展指数越低的国家或地区,共同富裕程度也就越低(如马拉维、莫桑比克等非洲国家)。图

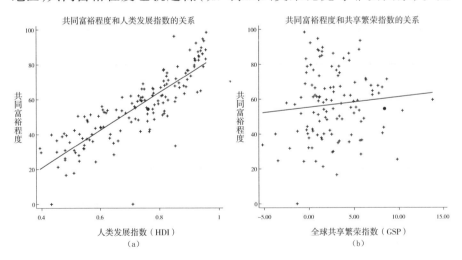

图 4-6　2020 年共同富裕和其他指标形式关系

注:(1)2020 年联合国人类发展指数来源于 http://hdr.undp.org/en/indicators/137506,最终和共同富裕变量成功匹配了 152 个经济体;(2)共享繁荣指数来源于 2020 年共享繁荣数据库,最终匹配了 118 个经济体,来源于 https://www.worldbank.org/en/topic/poverty/brief/global-database-of-shared-prosperity。

4-6(b)显示,共同富裕估算结果和共享繁荣指数虽然仍呈正相关关系,但两者之间的相关性比图4-6(b)明显更低,这主要是因为共享繁荣指数是纯粹的过程指标,只能反映共同富裕的动态变化,而无法捕捉共同富裕的横向静态情况,但近年来主要发达国家经济增速下滑,而发展中国家的经济增速较快,所以反映到最低40%收入群体的收入增速上,发展中国家的共享繁荣反而比发达国家更好,由此导致共同富裕程度和共享繁荣指数的相关性较弱。

第四节　共同富裕量化方法的应用

一、共同富裕结果的横向分析

横向分析不同地区的共同富裕情况,有助于观察推进共同富裕的经验和教训。表4-1报告了2020年共同富裕程度的统计情况。在2020年162个经济体中,共同富裕程度平均值为56,人均国民收入的平均值为14286美元,基尼系数平均值为0.394。分不同收入组看,收入越高地区的共同富裕程度也越高,低收入经济体富裕程度平均值仅为31.1,而高收入经济体的平均值为75.8。从结果构成看,人均国民收入差异是导致共同富裕差别的主要原因,例如高收入组的人均国民收入是低收入组的47倍,而高收入组基尼系数仅比低收入组低7%;即便标准化处理过后,发现高收入经济体标准化后的发展指标是低收入经济体的4.9倍,而标准化后的共享指标仅为1.1倍(见表4-1)。由此可见,不同收入经济体的共同富裕结果差异,主要来自发展维度。

表4-1　不同地区共同富裕结果及构成

均值		共同富裕指数	人均国民收入（美元）	基尼系数	标准化发展指标	标准化共享指标
收入分组	低收入	31.1	791	0.3985	0.170	0.633
	中低收入	47.5	2651	0.4064	0.380	0.614
	中高收入	56.8	7211	0.4081	0.559	0.610
	高收入	75.8	37486	0.3699	0.829	0.704
地区分组	南非	35.4	2446	0.4355	0.287	0.542
	南美	51.7	9081	0.4573	0.561	0.488
	亚洲	58.1	12433	0.3745	0.528	0.693
	北非	58.8	3315	0.3282	0.430	0.807
	大洋洲	60.0	13337	0.3880	0.562	0.659
	欧洲	72.7	24617	0.3497	0.717`	0.754
	北美	75.7	56110	0.3948	0.924	0.643
	北欧	83.9	49139	0.3310	0.881	0.800
全样本		56.0	14286	0.3943	0.531	0.644

注：本表仅展示基本统计量结果。

分地区看，图4-7发现非洲南部共同富裕程度最低，南美、亚洲、北非和大洋洲居中，北美和欧洲国家较高，北欧共同富裕程度相对最高。从结果构成看，南非不仅人均收入低且基尼系数高；南美、亚洲和大洋洲人均国民收入为1万美元左右，但收入差距较高，尤其是南美基尼系数平均高达0.457；北非虽然收入低，但收入差距也较低，共同富裕程度处于中游；欧洲尤其是北欧国家拥有较高的收入和很低的基尼系数，因此短期内共同富裕程度也相对较高。

2020年我国共同富裕程度与全球162个经济体的平均水平接近，这主要是因为我国收入差距较大所致。从地区看，目前我国共享发展情况明显高于非洲南部国家，和亚洲地区平均水平接近，但在短期内也

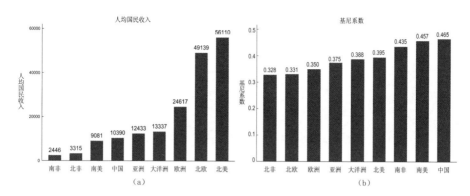

图4-7 2020年共享发展程度在不同地区的横向结果

资料来源:由笔者根据本章数据库计算整理。

相对低于欧洲、北美国家。正如习近平总书记强调的那样,"也要看到,我国发展水平离发达国家还有很大差距"[1],"需要我们脚踏实地、久久为功,在动态发展中持续推动,让共同富裕不断取得更大成效"。而且也应看到,虽然欧美国家当前的共同富裕程度相对较高,但最终也不可能实现高标准共同富裕,这从图4-3欧美国家共同富裕程度出现明显停滞甚至倒退就能证明,毕竟实现共同富裕是社会主义才有的本质特征。

二、共同富裕程度的纵向变化

表4-2报告了可追踪到的67个经济体的共同富裕结果变化情况。在1990—2020年,共同富裕程度平均值从51.7上升到66.0。从不同收入分位看,低分位地区的共同富裕程度上升较快,最低10分位的共同富裕结果从21.1上升到48.1,高分位的国家或地区共同富裕上升较慢,最

---

① 习近平:《扎实推动共同富裕》,《求是》2021年第20期。

高 10 分位的共同富裕结果在 30 年时间里,仅从 79.4 上升到 85.3。表 4-2 结果说明,67 个样本国家或地区的共同富裕结果在 1990—2020 年整体有一定进步,但进展速度并不明显,且经济体之间的共同富裕程度还有明显收敛现象。

表 4-2 1990—2020 年共同富裕结果均值统计

共同富裕结果 年份	均值	p10	p25	p50	p75	p90	N
1990	51.7	21.1	34.1	48.6	74.4	79.4	67
1995	52.1	26.5	35.6	48.0	75.3	81.2	67
2000	53.9	28.0	36.4	49.3	76.0	81.6	67
2005	57.9	27.9	42.9	54.5	78.8	82.5	67
2010	62.9	39.5	49.3	59.3	80.2	85.1	67
2015	65.2	48.0	54.3	61.9	80.5	85.0	67
2020	66.0	48.1	56.5	64.1	81.1	85.3	67

注:使用全球 67 个连续追踪经济体数据,由笔者根据本章数据库计算整理。

表 4-3 进一步区分不同收入组,发现低收入国家的共同富裕进步最快,从 1990 年到 2020 年共同富裕结果平均值从 23.7 上升为 49.0,且主要是 2000 年之后迅速提升;高收入国家的共同富裕进步最慢,从 1990 年到 2020 年共同富裕结果平均值仅从 75.9 上升为 82.4,且 2010 年之后共同富裕值几乎停滞。图 4-8 展示了不同收入组别共同富裕及其构成的直观变化,发现过去 30 年低收入经济体的人均国民收入迅速升高,而且基尼系数也有所下降,因此共同富裕程度有明显进步;而高收入国家的人均国民收入增长缓慢,收入分配基尼系数还出现明显上升,因此共同富裕结果停滞不前。

表4-3 1990—2020年不同地区共同富裕结果变化

均值		1990年	1995年	2000年	2005年	2010年	2015年	2020年
收入分组	低收入	23.7	24.5	29.0	35.4	44.0	48.1	49.0
	中低收入	44.1	42.5	44.4	48.9	55.5	58.7	60.0
	中高收入	48.7	52.6	52.7	56.5	60.6	63.1	62.8
	高收入	75.9	76.8	77.3	79.6	81.3	81.8	82.4
地区分组	南非	14.2	17.1	22.9	25.8	33.6	37.8	38.0
	南美	37.4	39.2	41.3	44.5	51.2	54.7	56.0
	亚洲	42.4	44.1	45.7	51.0	56.7	60.8	62.2
	北非	42.0	38.5	48.6	49.9	56.5	60.3	58.2
	大洋洲	75.6	74.5	74.8	78.5	80.5	81.6	82.6
	欧洲	66.6	64.9	65.4	70.0	74.0	74.0	74.6
	北美	74.0	74.4	72.6	75.5	75.6	76.8	77.0
	北欧	80.9	80.2	81.4	84.7	86.7	87.0	87.8
	全样本	51.7	52.0	53.9	57.9	62.9	65.2	66

注:由于时间跨度较长,较多的低收入国家变为了中等收入国家,为保证不同年份的收入组别样本国家是一致的,本表收入组别锚定1990年的国家收入标准划分。

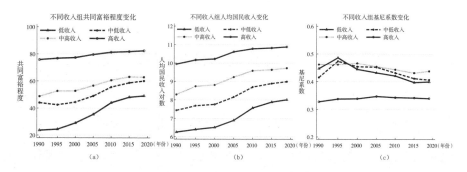

图4-8 1990—2020年不同收入组别共同富裕结果变化情况

资料来源:笔者根据本章数据库计算整理。其中不同收入组别是根据1990年标准划分的。

分不同地区看,南非、南美、亚洲、北非等地区的进步相对明显,1990—2020年南非地区的共同富裕结果从14.2上升到了38.0,绝对值提高了 23.8;南美、亚洲、北非等地区平均也提高了近 20.0;而大洋洲、欧洲、北美洲等国家共同富裕进步缓慢,大洋洲、欧洲等地区的共同富裕结果仅提高了 7.0 左右,北美洲共同富裕结果实际上只提高了 3.0。图 4-8 直观呈现了不同地区的共同富裕变化情况,发现过去 30 年间发达国家(如美国、日本)的共同富裕结果几乎处于停滞,而发展中国家(如中国、巴基斯坦)的共同富裕程度则大幅提升。

1990 年我国共同富裕结果较低,但到 2020 年我国共同富裕结果在 67 个经济体样本中与中高收入经济体的平均水平接近①,而且我国共同富裕程度在样本区间内已变为原来的 3 倍左右,相比其他地区的平均变化幅度明显更高,是全球所有国家中唯一取得如此成就的大国。这主要归功于发展维度,同期我国人均国民收入提高了 31 倍,这使我国共同富裕程度有了大幅上升。不过在 1990—2020 年,我国收入基尼系数也上升了 33.4%,收入差距扩大抑制了共同富裕水平提高。如果我国未来收入差距能有效缩小,则共同富裕程度还会进一步大幅显著上升,从而彰显社会主义促进共同富裕的优势。

第五节　共同富裕的分析结果讨论

过去关于我国共同富裕的研究主要是理论内涵的定性表述,关于量化共同富裕的方法研究较少,尤其缺少将共同富裕理论应用于数理分析的实证研究。在扎实推动共同富裕的新阶段,要付诸实际政策措施,则必

———————————

① 这里是以 1990 年收入标准划分收入组别,如果按照 2019 年收入标准划分,则 67 个国家或地区中有 31 个高收入经济体、21 个中高收入经济体、13 个中低收入经济体和 2 个低收入经济体,这说明面板样本中大多数是目前中等收入以上国家。

须要量化共同富裕理论,建立共同富裕的指标体系,分析我国共同富裕的变化情况,及时回应当前重大现实问题的政策研究需求。

从结果导向的技术框架出发,本章将我国四十多年改革开放达成的底线共识,作为量化共同富裕的前提假设,即"平均主义贫穷不是共同富裕""两极分化富裕不是共同富裕""同时同步富裕不是共同富裕"。在资源相对稀缺的前提下,根据发展和共享两个维度界定共同富裕内涵,认为两者存在不完全替代关系,并采用几何相乘的函数关系式进行分析。本章使用结果导向方式来量化共同富裕,利用数据最全的人均国民收入来衡量发展维度,使用最具可比性的人均可支配收入基尼系数来衡量共享维度,由此构建具有中国特色且能横向可比的共同富裕量化方法。在此基础上,还讨论了共同富裕维度和指标选取、标准化与门槛选择、无标度假设、权重和函数形式、指标过程和目标设定等问题,检验了指标间的单调性、一致性、同质性等公理化准则,发现构建的共同富裕技术方法具有较好稳定性,而且贴合政策实际,具有实践可获得、横向与纵向易比较、简单方便能应用的特点。

利用共同富裕量化方法测算发现,在 162 个国家或地区的截面数据库中,我国共同富裕结果和中高收入经济体均值相当。在 67 个可追踪的经济体数据中,我国共同富裕是样本中进步最快的经济体,体现共同富裕是社会主义本质特征的制度优势,其中成就主要来自发展维度,而共享维度则拖慢了共同富裕进步。在过去 30 年间,全球低收入经济体的共同富裕情况有所改善,而发达国家由于近年来经济增长放缓和收入差距明显扩大,其共同富裕结果出现明显停滞,由此近年来全球范围内共同富裕出现一定趋同现象。

值得说明的是,本章较早从结果导向出发,提出了共同富裕量化的技术讨论框架,构建了相对严谨的共同富裕函数方法,并基于手工收集的全球数据库估算了各国共同富裕情况,但并不是说这些国家能实现共同富裕,毕竟完全共同富裕是社会主义才有的本质特征。而且本章提出的共同富裕技术方法,也只是共同富裕量化研究的起点而不是终点,关于共同富裕量化的合理性和稳定性也需要不断改进。下一步还可以从过程导向出发,监测各级政府的工作进程,分析共同富裕的政策影响因素,讨论共同富裕的变化原因及可能的干预措施等。

第五章　中国特色共同富裕的
影响因素与实现路径

在进入实质性推动共同富裕阶段,就不能再满足于把共同富裕作为一种理念来看待,而是要制定政策、明确路径、细化方案来推动共同富裕,这对共同富裕的推进路径和具体措施提出了很高要求。虽然过去关于共同富裕的研究非常广泛,但真正分析如何推进共同富裕的研究则很少,因此政策研究要尽快补上这方面"短板"。

共同富裕是社会主义的本质要求,具有鲜明的中国特色和时代特征。不过在推进共同富裕的一些具体政策工具方面,却既有中国特殊性,又具有全球普遍性。因此在全球横向分析的框架下,分析各国推进共享发展的相关措施手段,并从以我为主的角度进行观察与警示就很有必要。这不仅有助于分析我国共同富裕的政策方向和前进路径,还能发现其中可能面临的各种问题和挑战,所以具有重要的现实含义与应用价值。

本章基于第四章中国特色共同富裕的估计方法,使用 162 个国家或地区 1990—2020 年的数据,立足于全球视角分析推进我国共同富裕的路径选择,找到制约我国共同富裕目标的关键环节,设计推动共同富裕的政策措施和时间节点,并提出更好地促进和实现我国共同富裕的政策建议。[1]

---

① 本章部分内容来自万海远、陈基平:《共享发展的全球比较与共同富裕的中国路径》,《财政研究》2021 年第 11 期。

第一节　推进共同富裕的相关政策措施

关于共同富裕的话题已有非常多理论和定性方面的讨论,下面仅从全球定量视角,来综述共同富裕的政策方向及其工具措施等相关文献。

一、实现共同富裕的政策方向

现阶段中国生产力水平显著提高,经济总量已成为世界第二大经济体,更加突出的问题是发展不平衡不充分,特别是城乡区域和居民收入差距较大。因此,党的十九届五中全会提出共同富裕目标,以此来呼应国民总体富裕和全体居民共享富裕的关系。总体来看,面向 2035 年中国迈入中等发达国家的目标是可以达到的,真正制约共同富裕的核心还是收入分配问题。黄群慧和刘学良(2021)认为,中国能够顺利在 2025 年前进入高收入国家行列,到 2035 年基本能成为中等发达国家。① 应该说,共同富裕目标的最大挑战是能否让大多数低收入居民迈向高收入阶段,是收入差距能否持续显著缩小,因此政策核心要瞄准收入分配方面。

全球一些国家推进共享发展的路径是通过周期性的暴力冲突和社会动乱,然而这种方式只能低水平循环且不可持续,不可能实现高标准的共同富裕。从全球范围看,一些国家如希腊、意大利等国已达到相对较高的发展水平并保持了较低的收入差距,然而超出财政能力的高福利模式却使经济增长陷入困境,而且收入差距也开始明显扩大,这离实现共同富裕

---

① 黄群慧、刘学良:《新发展阶段中国经济发展关键节点的判断和认识》,《经济学动态》2021 年第 2 期。

还有很大差距。实现全体人民共同富裕目标的根本方向是,要按"三步走"战略逐渐走向高水平、可持续的共同富裕之路,关键路径是在市场经济条件下通过先富带后富,并使用共享理念下的政策再分配手段。推进共同富裕的具体落地方式,既可以通过财政、税收和社会保障的作用来实现①,也可以通过更加包容的经济增长方式来实现,还可以通过优化产业结构和城乡区域结构来实现。过去我国先富带后富的效果相对不足,覃成林和杨霞(2017)发现,先富地区通过经济增长的空间外溢带动了部分邻近地区的发展,然而这种带动作用范围比较有限,因此需要进一步制定新的区域均衡发展战略。②

二、推进共同富裕的工具措施

社会主义具有共同富裕的制度优势,但这需要良好的公共政策设计,毕竟现实中也存在国有资源并不是均等地分配到每个居民的现象。中国要走共同富裕的现代化,做强产业、扩大就业是根本,对于绝大多数靠劳动取得收入的人来说,共同富裕的前提是必须有劳动岗位和就业机会。③中国必须要走个体能力自我发展的方式,而不是短期内依赖福利主义的方式来实现共享,其中坚持高质量发展是根本方向,要"提高发展的平衡性、协调性、包容性","实施区域重大战略和区域协调发展战略,健全转移支付制度","要支持中小企业发展,构建大中小企业相互依存、相互促

---

① 楼继伟:《面向 2035 的财政改革与发展》,《财政研究》2021 年第 1 期。
② 覃成林、杨霞:《先富地区带动了其他地区共同富裕吗?——基于空间外溢效应的分析》,《中国工业经济》2017 年第 10 期。
③ 青连斌:《扎实推动共同富裕取得更为明显的实质性进展》,《中国党政干部论坛》2021年第 2 期。

进的企业发展生态"。① 同时要侧重调整产业结构和城乡发展结构,增强产业吸纳就业的能力,这是广大技能工人、农民和农民工融入共同富裕的主要方向来源。②

推动共同富裕需要注重经济发展方式转变的同时,也要努力加强再分配政策。③ 构建初次分配、再分配、三次分配协调配套的基础性制度安排,加大税收、社保、转移支付等调节力度并提高精准性,扩大中等收入群体比重,增加低收入群体收入,合理调节高收入。④ 同时,简单聚焦于单维的收入指标难以实现共同富裕目标,也需要把视角放宽到与教育、医疗、养老等与居民收支紧密相关的大分配领域,通过教育技能培训、社会保障政策、基本公共服务等进行调节。教育机会均等是改善收入分配的重要力量,是减少不平等的核心手段,也是推进共同富裕的有效工具。⑤ "低收入群体是促进共同富裕的重点帮扶保障人群,要加大普惠性人力资本投入""完善养老和医疗保障体系""逐步提高城乡最低生活保障水平,兜住基本生活底线"。⑥

第二节　数据来源与指标描述

一、可比较数据来源

本章主要数据来源于世界银行、国际货币基金组织、国际劳动组织等

---

① 习近平:《扎实推动共同富裕》,《求是》2021 年第 20 期。
② 潘文轩:《构建扎实推动共同富裕的有效机制》,《学习时报》2020 年 12 月 30 日。
③ 莫炳坤、李资源:《十八大以来党对共同富裕的新探索及十九大的新要求》,《探索》2017 年第 6 期。
④ 习近平:《扎实推动共同富裕》,《求是》2021 年第 20 期。
⑤ 李实:《从全面小康走向共同富裕的着力点》,《中国党政干部论坛》2020 年第 2 期。
⑥ 习近平:《扎实推动共同富裕》,《求是》2021 年第 20 期。

官方网站。收入基尼系数指标采用质量高、定义相同的可比数据,并删除人口很少、数据质量评分较差的岛国或小国,由此建立全球 1990—2020 年长期追踪数据库,其中包括 162 个国家或地区(高收入 50 个、中高收入 42 个、中低收入 44 个、低收入 26 个)。为构建能实践应用的共同富裕分析体系,本章还特别收集了各个经济体关于经济要素投入、财政税收、社会保障等过程指标,也包含劳动参与、劳动人口占比、第三产业就业占比等结构性指标,并且都来自国际组织官方网站。

世界银行数据库(World Bank Database)提供了全球大多数国家或地区 1960—2020 年的数据。由于 2020 年全球新冠肺炎疫情冲击,很多指标都有较大变动,且考虑 2020 年指标公布完整性也不高,因此部分用 2019 年数据替代。考虑到有些不发达国家非常依赖外援,人均国民生产总值指标偏差较大,因此选用人均国民收入指标。关于收入基尼系数,本章统一使用人均可支配收入指标,不使用消费、毛收入等概念,也不使用家庭成员异质性权重,且仅保留质量标识为高度可信的数据来源。为寻找可比较的基尼系数,本章结合世界不平等数据库和联合国大学世界发展经济学研究所(UNU-WIDER)数据库,以及卢森堡收入研究(LIS)数据库计算收入基尼系数,并使用可比较的收入定义生成本章的基尼系数。其中,大多数国家或地区的基尼系数能得到相互验证,数据质量具有较高可信性。

本章核心是分析推进中国特色共同富裕的政策工具,因此引入劳动报酬占比、税收和社会保障等分配性指标,且控制经济要素投入的主要指标,并增加经济社会发展的结构性指标等。我们尽量保留原始真实数据,并尽可能选用定义可比的指标,形式上也尽量使用增长率或相对比率指标,从而提升国家或地区间的数据可比性。

表 5-1 2020 年主要指标来源与描述

项目	指标名称	主要数据来源	指标定义	最小	平均	最大
共同富裕结果	基尼系数	联合国大学不平等数据库	人均可支配收入基尼系数	0.25	0.39	0.66
	人均国民收入	世界银行 WDI 数据库	现价计算的人均国民收入（美元）	280	14286	85500
经济增长原因	物质资本	伯南克和古克亚那克（2001）①	实际人均物质资本存量（百万美元）	3058	217576	826650
	人力资本	巴罗和李（2013）②	劳动要素投入：人均受教育年限/年	2.44	9.00	13.57
	全要素生产率	伯南克和古克亚那克（2001）	技术进步水平	0.20	0.63	1.26
收入分配原因	劳动报酬占比	国际劳工组织 ILO	宏观劳动报酬占 GDP 比重（%）	18.60	47.40	70.70
	社会保障支出占比	国际货币基金组织 IMF-GFS	政府社保支出占 GDP 比重（%）	0.01	8.14	24.00
	直接税占比	国际货币基金组织 IMF-GFS	直接税占总税收比重（%）	3.207	41.77	93.98
结构变化原因	第三产业就业占比	世界银行 WDI 数据库	三产占总就业人口比重（%）	10.45	56.50	88.75
	失业率	国际劳工组织 ILO	失业人口占比指标（%）	0.10	7.57	28.71
	劳动参与率	国际劳工组织 ILO	劳动人口占劳动年龄人口比重（%）	26.49	58.89	88.10
	劳动人口占比	世界银行 WDI 数据库	劳动年龄人口占总人口比重（%）	47.56	63.27	84.88

资料来源：世界银行 WDI 数据来自 https://data.worldbank.org；国际货币基金组织 IMF 数据来自 https://data.imf.org；国际劳工组织 ILO 数据来自 https://ilostat.ilo.org；联合国大学世界发展经济学研究所（UNU－WIDER）数据库来自 https://www.wider.unu.edu/project/world-income-inequality-database。

---

① Bernanke B.S., Gurkaynak R.S., "Is Growth Exogenous? Taking Mankiw, Romer, and Weil Seriously", *NBER/Macroeconomics Annual*, Vol.16, No.1, 2001, pp.11-57.

② Barro R.J., "Inequality and Growth in a Panel of Countries", *Journal of Economic Growth*, Vol.5, No.1, 2000.

从表 5-1 数据描述可以看到,不同国家或地区的指标有较大差异。以收入基尼系数为例,芬兰、挪威等国基尼系数在 0.25 左右,而南非、巴西等国则高达 0.66 左右,存在从非常平均到非常分化的两种极端情形,平均值为 0.39,低于中国目前约 0.46 的水平。从人均国民收入角度看,最高如瑞士,达到人均国民收入为 8.6 万美元,最低如布隆迪,年均仅为 280 美元,两者差距达到 307 倍左右;2020 年全球人均国民收入平均值为 1.4 万美元,略高于中国当前的 1.1 万美元。

在经济增长的影响因素中,人均资本存量最大值和最小值的倍数差异较大,而人均受教育年限的倍数差异相对较小。在收入分配相关指标方面,样本中劳动报酬占比平均为 47.4%,与中国当前水平相对接近;直接税占总税收比平均为 42%,明显高于中国当前的 35% 左右;社会保障支出占 GDP 比重平均值也远高于中国目前水平。在所有结构性指标中,第三产业就业占比的平均水平与中国接近,失业率则明显高于中国,劳动年龄人口占比、劳动参与率指标均低于中国。

二、各国共享发展程度

从图 5-1(a)发现,在全球 162 个国家或地区数据中,2020 年共享发展程度从 0 到 100 不等,中国的共享发展结果与人类发展指数相对顺序接近,但若继续考虑调整人口规模因素后,则我国共享发展程度会大幅度上升。[①] 总体来看,图 5-1(a)的共享发展程度出现先快后慢的提升态势,并在人均国民收入达到 6 万美元左右时出现停滞。目前很多美欧国家就处于这个停滞发展阶段,经济增长乏力且贫富差距出现新的扩大趋

---

① 具体做法是在原人类发展指数基础上构建人均国民收入、基尼系数和人口对数的几何平均,由于不是本章重点研究对象,未在文中展示。

势,共享发展程度徘徊不前。

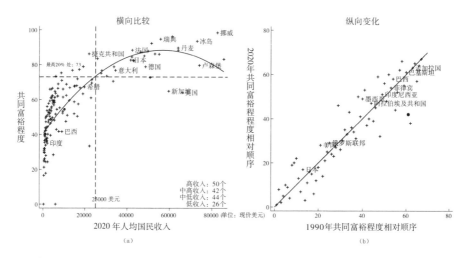

图 5-1　共享发展程度的横向结果与纵向变化

注:(1)购买力平价会降低发展中国家的产品价格,夸大发展中国家的经济发展水平,故本章使用名义汇率
调整的现价美元来折算人均国民收入,具体见黄群慧和刘学良(2020);(2)为提高图形可辨识度,图左
主要呈现共享发展程度较高的部分经济体名称,图右主要呈现人口超过1亿的经济体名称。

从变化看,过去30年间我国共享发展进步最为突出,体现共同富裕
是社会主义的本质特征。图5-1右使用67个全球可追踪经济体数据,呈
现了1990—2020年主要经济体的共享发展变化情况,其中对角线以下和
以上分别是共享发展程度有进步和退步的国家或地区。从横向与纵向分
析中发现,在能追踪到的67个主要经济体中,中国是唯一一个人口过亿
且共享发展程度取得明显进步的国家,是唯一取得如此显著成就的大国。

三、影响共同富裕的相关因素

在共同富裕从理念转为具体现实政策后,关键是哪些措施能最大限
度地推进我国共同富裕,这需要抓住重要政策工具,并在实际工作中努力
推进。共同富裕包括总体富裕和共享富裕两个方面,总体富裕端的主要

政策工具是经济要素投入,如劳动、资本和技术进步因素等。在共享富裕端的主要政策是初次和再次分配①,包括劳动报酬占比的初次分配、财政税收和社会保障等再分配指标,另外结构性指标也与经济增长和收入分配有关,包括失业率、第三产业的就业占比等。

虽然西方发达国家无法最终实现共同富裕,但他们也出台了若干措施在推进共享发展进程。由于国家或地区之间的差异很大,推进共享发展过程中存在的共同经验并不多,但观察他们的实际数据后也能发现一些共有特征。从图5-2可以看到,影响经济增长的三大政策因素都与共

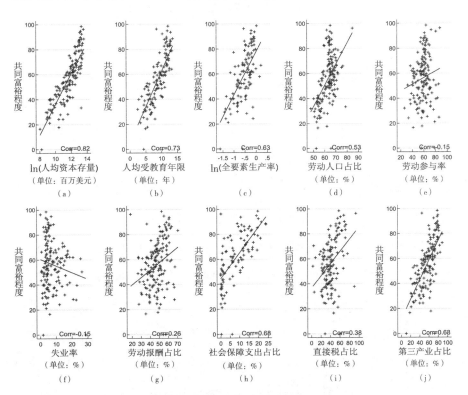

图5-2 2020年政策工具与共同富裕结果散点图

资料来源:根据世界银行、国际货币基金组织和国际劳工组织等数据整理。

---

① 第三次分配在国家总体分配格局中的占比通常很小,对改善总体分配格局的作用并不明显,故不包括第三次分配指标。

同富裕结果高度相关,其统计相关性系数都达到 0.6 以上。从初次分配角度看,劳动报酬占比与共享发展程度也有较大相关性。从再分配政策工具看,社会保障支出占比、直接税占比等,与共享发展程度也有很强的关联度。从作用方向看,图 5-2 发现人均受教育程度高、劳动报酬占比大、社保支出占比高、直接税占比高,都伴随显著更高的共享发展水平,因此是影响共同富裕程度的重要因素。

第三节　推动共同富裕的政策影响因素

一、共享发展影响因素的实证检验

下面基于文献中经济增长与收入分配的影响因素,来构建共同富裕程度的回归方程。根据前文界定,经济增长端的主要政策工具是经济要素投入,通常把劳动、资本和技术进步因素作为解释变量。在收入分配端的主要政策工具是初次和再次分配政策,故模型设定上包括劳动报酬占比的初次分配指标、财政税收和社会保障等再分配指标。结构性指标也与经济增长和收入分配有关,包括失业率、第三产业的就业占比等,因此也作为模型的主要控制变量。

表 5-2 中因变量是 2020 年共同富裕程度,自变量是各个国家或地区的经济要素投入、初次和再次分配指标、经济结构性指标等,并使用最小二乘法进行回归。列(1)只控制经济要素投入指标,列(2)只控制收入分配指标,列(3)至列(4)同时加入经济增长和收入分配指标,列(5)和列(6)进一步增加结构性指标。从表 5-2 结果看,每列的 R^2 值都比较大,说明要素投入、初次分配、再次分配和结构性指标等,确实可以在很大程度

上解释共享发展程度的变动,说明这些指标或政策都可以很好地提升我国共同富裕程度。

表 5-2　2020 年共享发展影响因素的截面分析

最小二乘法	（1）	（2）	（3）	（4）	（5）	（6）
人均资本存量	7.698***		7.703***	7.543***	8.035***	8.137***
	(1.262)		(1.302)	(1.280)	(1.319)	(1.319)
人均受教育年限	12.222**		11.104**	9.367**	11.384**	11.516**
	(5.188)		(4.724)	(4.570)	(4.459)	(4.535)
全要素生产率	9.062**		9.377**	7.748**	6.227	6.425
	(3.961)		(3.892)	(3.715)	(4.244)	(4.375)
劳动报酬占比		6.616	4.172	1.986	3.088	3.061
		(9.494)	(5.617)	(5.014)	(4.435)	(4.442)
社会保障支出占比		6.561***		1.027	1.954*	1.965*
		(1.056)		(0.807)	(1.007)	(1.0230)
直接税占比		8.401*		5.535**	5.077*	5.111*
		(4.856)		(2.646)	(2.829)	(2.853)
劳动人口占比					−18.639	−18.644
					(12.662)	(12.689)
失业率					−5.175***	−5.102***
					(1.770)	(1.709)
劳动参与率					−8.535	−8.357
					(5.835)	(5.812)
第三产业就业占比						−0.802
						(4.364)
截距项	−54.438***	−7.612	−67.932***	−76.370***	30.021	30.982
	(12.690)	(28.626)	(19.767)	(20.970)	(59.162)	(60.003)
观测值	161	157	161	156	145	145
R^2	0.691	0.370	0.693	0.696	0.729	0.729

注:(1)因变量为共同富裕程度;(2)由于少部分基尼系数存在缺失,用最近年份值插补;(3)部分自变量如财政、税收数据也存在一些缺失,利用人均国民收入、人口总数、所属区域位置虚拟变量回归,得到预测值插补,这样处理经稳健性检查后未对结论产生影响;(4)括号内为稳健标准误,***、**、*分别代表在1%、5%和10%水平上显著。

列(1)结果发现,所有经济要素投入指标的回归系数都正向显著,说明可以直接提升共同富裕程度。初次分配中更高的劳动报酬占比可以提高共同富裕程度,这是因为劳动收入通常是家庭主要收入来源,提高劳动报酬占比会增加居民特别是中低收入居民的收入,由此会缩小收入差距并提升共同富裕程度。列(2)发现,社会保障支出占比越大则共同富裕程度越大,同时直接税占比越高则共享发展程度也越大,这表明直接税和社会保障支出都实现了正向收入分配调节,明显缩小收入差距并提升了共同富裕程度。列(3)至列(4)在控制相关变量后,发现经济要素投入、社会保障支出占比、直接税占比的正向影响也很稳定。列(5)和列(6)显示,失业率高会显著降低共同富裕程度。

二、面板数据回归的稳健性检验

由于国家或地区间的制度模式和发展阶段差异较大,截面回归容易遗漏一些不随时间变化的内生变量,这在截面数据分析中成为共识①,下面使用面板数据来区分国家或地区内部的制度差异。表5-3样本仅包含1990—2020年都存在有效数据的经济体,所有观测指标都能追踪到的经济体样本数为67个。根据表5-3结果,列(1)中所有投入要素的回归系数显著为正,列(2)中初次和再次分配指标也显著正向影响共同富裕程度,在列(3)和列(4)中,劳动报酬占比显著影响共同富裕程度,在列(5)和列(6)中,劳动人口占比、劳动参与率和第三产业就业占比越高,则共同富裕程度也越高,而失业率越高则共同富裕程度就越低。

---

① Berg A., Ostry J. D., Tsangarides C. G., Yakhshilikov Y., "Redistribution, Inequality, and Growth: New Evidence", *Journal of Economic Growth*, Vol.23, No.3, 2018, pp.259-305.

表 5-3　1990—2020 年共享发展影响因素的面板分析

固定效应模型	（1）	（2）	（3）	（4）	（5）	（6）
人均资本存量	5.294***		5.268***	6.142***	5.912***	3.795***
	(0.750)		(0.740)	(0.755)	(0.756)	(0.819)
人均受教育年限	28.641***		28.220***	21.288***	18.322***	11.085***
	(2.435)		(2.404)	(2.7757)	(2.886)	(3.058)
全要素生产率	5.254***		5.160***	6.962***	5.993***	3.858***
	(1.183)		(1.166)	(1.355)	(1.355)	(1.352)
劳动报酬占比		10.951	18.224***	12.943***	11.025**	7.169
		(6.902)	(5.180)	(4.677)	(4.612)	(4.461)
社会保障支出占比		3.855***		1.056***	1.017***	0.763**
		(0.470)		(0.352)	(0.348)	(0.336)
直接税占比		12.796***		4.204***	3.125**	3.621**
		(2.070)		(1.485)	(1.521)	(1.456)
劳动人口占比					22.223***	24.133***
					(7.343)	(7.021)
失业率					−2.182***	−2.247***
					(0.793)	(0.757)
劳动参与率					5.419	10.080**
					(4.261)	(4.158)
第三产业就业占比						18.584***
						(3.404)
截距项	−63.094***	−36.475	−133.112***	−124.088***	−214.171***	−262.395***
	(6.333)	(27.943)	(20.858)	(19.720)	(36.744)	(36.182)
观测值	469	370	469	370	370	370
R²	0.608	0.294	0.620	0.679	0.695	0.723
国家或地区数	67	63	67	63	63	63

注:指标定义与表 5-2 相同,结果为笔者根据本章数据库分析计算。

表 5-3 和表 5-2 的结论基本一致,说明使用固定效应模型控制更多不可观测变量后,仍然发现要素投入、初次分配、再次分配在统计上正向影响共同富裕程度。不同的是,表 5-3 中劳动参与率、劳动人口占比、第三产业就业占比等结构性指标也能显著提升共同富裕程度,而这些指标在表 5-2 中却不显著。一般认为,表 5-3 的结果更加可信,这是因为表 5-2 截面回归中遗漏了一些不随时间变化的因素,减弱了它们的作用效果。因为劳动就业使全体劳动者在发展中实现共享,并通过共享来进一步促进发展,由此提升了共同富裕程度。第三产业通过吸纳更多就业,带动更多劳动者致富增收,这在稳定经济增长的同时也有助于促进劳动者共享发展①,所以这些结构性因素均有利于提升共同富裕程度。

三、动态 GMM 方法减缓内生性

虽然上述面板数据可以减缓因发展阶段不同带来的内生问题,但另一种问题来自解释变量和因变量之间的相互影响,即共同富裕程度会反过来影响经济和社会结构因素。下面基于伯格(Berg)的做法,利用动态差分广义矩估计(d-GMM)回归方法,采用因变量和主要再分配工具的二阶和三阶滞后作为工具变量,再次检验相关政策工具的作用效果。这里使用 d-GMM 的前提是扰动项不存在自相关,但由于一阶滞后往往存在自相关,因此需要用二阶以后的滞后项作为工具变量,不过随着工具变量增多其有效性可能会下降,所以一般仅使用二阶或三

---

① 龚六堂:《缩小居民收入差距推进共同富裕的若干政策建议》,《国家治理》2020 年第 46 期。

阶滞后(伯格等,2018)。[①]

表5-4在缓解内生性问题后,发现劳动报酬占比仍然是促进共同富裕程度的重要因素,同时社会保障支出占比、直接税占比与共同富裕程度也呈现显著正相关,劳动年龄人口比例、劳动参与率等指标也都与共同富裕程度有很强的正相关,失业率与共同富裕显著负相关。这些结论和表5-3的结果没有明显差别,由此再次验证了经济要素投入、初次分配和再分配政策,以及经济结构性指标对共同富裕程度的重要解释力。

表5-4　消除内生性问题后共同富裕的影响因素

动态面板 差分 GMM	(1)	(2)	(3)	(4)	(5)
一阶滞后： 共享发展	0.937***	0.398***	0.828***	0.451***	0.286***
	(0.025)	(0.039)	(0.025)	(0.007)	(0.012)
人均资本 存量		5.405***		3.264***	2.407***
		(0.554)		(0.255)	(0.257)
人均受教育 年限		22.538***		17.492***	7.560***
		(2.444)		(0.895)	(0.902)
全要素 生产率		11.681***		9.103***	5.882***
		(1.466)		(0.287)	(0.453)
劳动报酬 占比			33.685***	25.026***	16.140***
			(4.220)	(1.215)	(0.880)
社会保障 支出占比			0.200	0.619***	1.054***
			(0.233)	(0.112)	(0.099)
直接税占比			4.730***	2.445***	1.875***
			(1.578)	(0.304)	(0.684)

[①]　Berg A., Ostry J. D., Tsangarides C. G., Yakhshilikov Y., "Redistribution, Inequality, and Growth: New Evidence", *Journal of Economic Growth*, Vol.23, No.3, 2018, pp.259-305.

续表

动态面板 差分 GMM	（1）	（2）	（3）	（4）	（5）
劳动人口 比例					31.029***
					（2.905）
失业率					−2.229***
					（0.103）
劳动参与率					1.448*
					（0.873）
第三产业 就业占比					19.178***
					（1.027）
观测值	335	335	272	272	272
国家或地区数	67	67	62	62	62
工具变量数	9	36	36	63	63
AR1−p−value	0.00126	0.0196	0.00190	0.00419	0.00493
AR2−p−value	0.898	0.525	0.511	0.517	0.293
Hansen−p−value	1.63e−05	0.111	0.0600	0.328	0.381

注：（1）因变量为共同富裕程度,样本时期为1990—2020年;（2）在差分GMM回归模型中,使用Stata命令Xtabond2可以直接报告自相关检验、过度识别检验的结果,但不再报告截距项;（3）经过对工具变量有效性检验,在所有模型中确定用共享发展程度、增长和投入分配要素的二阶和三阶滞后作为工具变量;（4）括号内为稳健标准误,***、**、*分别代表在1%、5%和10%水平上显著;（5）AR1−p−value和AR2−p−value为扰动项的自相关检验p值,原假设为"扰动项无自相关";Hansen−p−value为过度识别检验p值,原假设为所有工具变量均有效。

综合以上分析,不同模型设定得出的结论大致相同,即共同富裕程度的影响因素是多方面的,推进共享发展的政策工具需要多管齐下、协同推进。在初次分配中,核心在于提高劳动报酬和促进中低收入者增收。在二次分配中,重点是要提高直接税占比和加大财政投向社会保障支出的比重。在结构性因素中,需要稳定提升劳动就业率,并且加大第三产业的就业培育和引导。从全球各个经济体的共同实践来看,上述政策工具能够有效促进经济共享发展程度,因此也应是推进我国共同富裕的重要政策措施。

第四节　扎实推进共同富裕的中国路径

一、促进共同富裕的时间节点

中国推进共同富裕的路径,应该是在经济持续增长的基础上逐步缩小收入差距,并分阶段渐进达到高标准共同富裕。下面以高、中、低三种方案考察各种可能性。先看经济增长方面,考虑人民币汇率升值因素后,若按照 2035 年前 6%、2035 年后 4% 的年均增速计算,我国人均国民收入在 2050 年将达到 6 万美元。若在 2035 年前年均增速 4%、2035 年后年均增速 2% 的低增速方案下,我国在 2050 年人均国民收入会达到 3.5 万美元。如果在 2035 年前年均增速 5%、2035 年后年均增速 3% 的折中方案下,2035 年我国人均国民收入会达到 2.6 万美元,达到中等发达国家平均水平,到 2050 年则会达到 4.7 万美元。

再看收入差距方面,若未来 15 年收入基尼系数以 0.002 的年均幅度下滑,到 2035 年基尼系数会下降到 0.44 左右,若 2035—2050 年收入基尼系数以年均 0.004 的幅度下滑,则到 2050 年基尼系数能下降到 0.37。图 5-3 的分析表明,只需要在一个中速经济增长和收入分配调节方案下,到 21 世纪中叶我国人均国民收入就会接近高标准的发达国家水平,同时基尼系数也会下降到较低状态,由此达到相对较高标准的共同富裕水平,即能达成中央提出的"到 2050 年基本实现共同富裕的远景目标"。

二、实现共同富裕的阶段步骤

按照邓小平同志的"三步走"战略,发展阶段上先允许一部分人、一

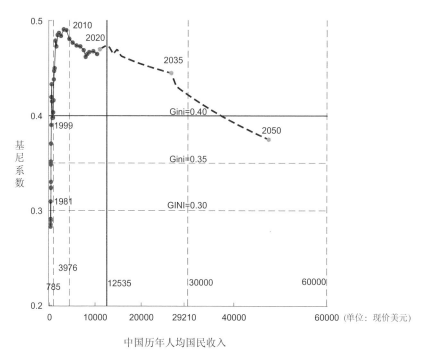

中国历年人均国民收入

图5-3 我国推进共同富裕的时间表和路径图

注:(1)中国2003年前基尼系数参见拉瓦林和陈(Ravallion 和 Chen,2007)①,2003年后参见《中国住户调查主要数据2020》;(2)根据世界银行收入分类标准,中国于1997年跨越人均国民收入785美元的中低收入线,于2010年跨越3976美元的中高收入线;(3)本章采用现价美元标准,假设中国未来与美元汇率年均升值1%②,按这个增幅2035年人民币汇率为5.8元/美元左右,2050年人民币汇率为4.8元/美元左右;(4)为提高可辨识度,左图主要呈现共享发展程度较高的部分经济体名称。

部分地区通过诚实劳动和合法经营先富起来,然后带动更多人民富裕起来。习近平总书记在党的十八届中央政治局第一次集体学习时的讲话中

---

① Ravallion M., Chen S., "China's (Uneven) Progress Against Poverty", *Journal of Development Economics*, Vol.82, No.1, 2007, pp.1-42;国家统计局:《中国住户调查主要数据2020》,中国统计出版社2020年版,第3页。

② 本章假设较为谨慎的1%汇率年均增幅,也有研究采用2%的假设,这个增幅会使中国人均国民收入相对地位大幅提高,但这意味着2050年人民币汇率上升到3.5。汇率价格大幅变动不利于长期稳定发展,且单纯依靠人民币升值来提高相对收入水平的做法可能并不可取,现实中也不一定能做到。

明确提出"按照现代化建设'三步走'的战略部署,坚定不移走共同富裕的道路"。这里"三步走"的共同富裕道路不仅是中国特色社会主义的本质要求,也是中国特色社会主义市场经济体制的变革之路。只有按"三步走"战略部署走共同富裕之路,才是中国特色社会主义道路的正确选择,否则不是回到大家受穷的另一种形式的"大锅饭"老路,就是滑向贫富悬殊的两极分化邪路。习近平总书记强调,要深入研究不同阶段的目标,分阶段促进共同富裕。[①] 未来 30 年要基本实现共同富裕[②],可以大致规划以下几个发展阶段(见表 5-5)。

表 5-5　实现共同富裕的关键指标和关键节点

关键指标	第一阶段	第二阶段	第三阶段	第四阶段
	2021—2025 年	2025—2030 年	2030—2035 年	2035—2050 年
核心政策任务	健全再分配政策体系	大力缩小人的能力差距	优化经济包容性增长方式	稳定成熟的共同富裕制度
居民收入增速	6%	5.5%	5%	3%
人均国民收入/美元	1.3 万	2.0 万	3.0 万	10 万
可支配收入基尼系数	0.45	0.43	0.40	0.35
基本公共服务均等化	更高水平	基本达到	稳定实现	高标准实现
直接税所占比重	20%	25%	30%	40%

资料来源:由笔者整理设计。

1. 第一阶段:大约为 2021—2025 年

重点是逐步完善共同富裕的制度体系,健全再分配政策,明确实现共同富裕的路径和战略,将人的能力发展作为提前布局的中心。未来五年内,通过进一步改革开放实现居民年收入增速 6% 左右,2025 年实现人均

---

① 习近平:《扎实推动共同富裕》,《求是》2021 年第 20 期。

② 李实:《共同富裕:目标之下改革如何推进》,《新京报》2021 年 9 月 1 日。

国民收入约 1.3 万美元以上,基尼系数降至 0.45 以内;稳定成为世界银行划分的全球高收入国家成员,既有较高人均国民收入,同时也有相对温和的收入差距水平。

2. 第二阶段:大约为 2025—2030 年

应进一步完善共同富裕制度,强化针对性的收入再分配政策,特别是大力缩小人的发展能力差距。主要目标是保持人均国民收入增长不低于 5.5%,考虑汇率变动后使人均国民收入达到 2 万美元,努力将基尼系数降至 0.43 左右,由此成为高收入国家内收入中等偏上、个人能力发展差距较小的国家。

3. 第三阶段:大约为 2030—2035 年

从源头上进一步大幅控制人的能力发展差距,稳定公共政策再分配效果,进一步完善初次、再次与三次分配制度相协调的基础性平台。主要目标是保持收入增长不低于 5%,使人均国民收入达到 3 万美元,基尼系数降至 0.40 以内,由此成为中等发达国家且收入差距较小、个人能力发展差距很小的国家。

4. 第四阶段:大约为 2035—2050 年

在这一阶段能够进入共同富裕的高梯度,形成较为成熟的共同富裕制度体系,具有完善高效的收入再分配政策工具。主要目标是保持年均收入增长不低于 3%。考虑汇率变动后,届时应当能够实现人均国民收入超过 10 万美元,收入差距基尼系数在 0.35 左右,人人享有高质量的公共服务,实现物质福利和精神生活的全面共同富裕。

三、推进共同富裕的政策路径

本章前面对相关政策工具的分析结果显示,人均资本存量、人均受教育年限和全要素生产率是经济发展的重要推动力量,因此也是做大"总体富裕"的重要内容。不过当前我国"共享富裕"是更紧迫的挑战,也是推进共同富裕的主要难点。

当前我国劳动报酬占比偏低,说明初次分配中居民所得份额不够,同时社会保障与直接税占比偏低,使收入再分配效果有待提高,导致我国共享程度总体不高。而且根据前面的结果,经济结构调整也能提升共同富裕程度,但我国第三产业就业占比实际上只有47%左右,明显低于其他发达国家。总体来看,表5-6是推进共同富裕的重要政策工具,也是我国当前的主要短板弱项,在"十四五"时期应大力完善和加强。

表5-6　2020年主要国家相关宏观指标情况

国家	中国	德国	日本	瑞典	美国
人均资本存量(百万美元)	102151	466743	373023	548523	436256
人均受教育年限(年)	8.5	12.9	12.6	11.9	13.3
全要素生产率(以美国=1)	0.44	0.91	0.64	0.81	1.00
劳动报酬占比(%)	51.3	60.3	54.2	55.4	58.6
社会保障支出占比(%)	8.1	19.7	16.2	19.1	7.5
直接税占比(%)	0.37	0.56	0.64	0.69	0.76
失业率(%)	4.2	3.2	2.5	7.0	3.7
第三产业就业占比(%)	47.3	71.6	72.4	79.9	78.7

注:使用本章2020年主要经济体数据。

我国人口众多、地区发展差异较大,通过高福利主义来实现全体人民共同富裕是不现实的。我们还是要在市场经济条件下,先保证大多数人的就业权利,通过稳定就业、促进劳动所得,让居民通过初次分配实现收入增长;在此基础上,再通过二次分配的政策手段,加大税收、社保和转移支付调节力度,从而助力实现共同富裕。总体来看,我国推进共同富裕的政策路径应该是通过市场主导、政府调节的方式来进行,在分享"蛋糕"之前先做大"蛋糕",通过协调政府、企业和居民的关系来提高居民所得比重,同时提高税收调节能力,加大社会保障力度,渐进式地提高居民生活水平,由此不断提升全体人民共同富裕程度。

第五节　推进我国共同富裕的结论与政策

研究推动共同富裕的具体政策措施及实现工具,不仅对中国而且对整个世界都有重大意义。本章分析促进共享发展的工具措施,归纳推进共享发展的政策做法,设计推进我国共同富裕的政策路径和时间表,最后提出相关的政策建议。

一、主要结论

研究发现,1990—2020 年我国共同富裕程度取得了显著进展,是共同富裕进步最快的人口大国,体现社会主义最终能实现共同富裕的长期趋势。在一个折中且可能实现的方案下,我国在 21 世纪中叶基本实现共同富裕是完全可能的,即能达成中央提出的"到 2050 年基本实现共同富裕的远景目标",但这需要在收入分配和共享发展方面下更大功夫。与当前主要发达国家相比,我国劳动报酬占比偏低、再分配调节功能有限等问题,已成为制约共同富裕的重要挑战,这需要在政策工具上作更有针对性的调整。

　　构建影响共同富裕程度的实证模型后,发现人均资本存量、人均受教育年限等显著影响共同富裕程度,初次分配中的劳动报酬占比、再分配中的社会保障支出占比和直接税占比等也与共享发展程度高度相关,同时结构性因素中的劳动人口占比、劳动参与率、就业率、第三产业就业占比等均能显著提高共同富裕程度。由此说明,推进共同富裕的政策措施需要多管齐下,不仅要提高初次分配中劳动报酬比重,发挥再分配调节功能,同时也要应对产业和就业结构变化带来的挑战,从而推进中国特色的共同富裕取得更为明显的实质性进展。

二、政策讨论

　　优化产业结构、稳定就业。就业是居民收入来源和生存发展的基础,也是宏观经济增长的根本动力,因此做强产业和促进就业是共同富裕的基础。在产业结构调整中要稳定第三产业特别是居民服务类产业比重,这有助于稳定就业并提升中低收入群体的就业和工资水平。建议在保持第三产业适当占比的同时,通过完善产业链进一步促进产业高质量发展,以产业兴旺带动就业人员致富增收,并进一步提升共同富裕程度。

　　加强财政税收工具的再分配调节功能。再分配政策是发达国家缩小收入差距、提高经济共享程度的主要措施,然而我国再分配的调节功能比较薄弱,整体税制的再分配效果亟待加强,个别税种甚至存在逆向分配效应,需要及时调整并改善再分配过程。建议完善现代税收制度,健全地方税、直接税体系,优化税制结构,适当提高直接税比重,提高财政支出中的社会保障支出占比,发挥再分配政策应有的调节功能,从而进一步提高共同富裕程度。

　　做好应对经济结构变化的制度安排。劳动人口占比、劳动参与率是影响共同富裕的重要因素,我国过去依靠显著的人口红利,助推国民财富水平快速提升,但未来几十年我国人口红利可能会持续下降。在逐渐进入老龄化社会背景下,我国劳动人口占比将会继续回落,且近年来劳动参与率也在不断降低,因此不能再简单依靠以往的发展方式来推进共同富裕,需要及时做好应对经济结构变化的制度安排,减轻不利因素对促进共同富裕的负面影响。

第六章 共同富裕的省级监测体系与应用

    促进全体人民共同富裕是一项长期艰巨的任务,需要选取部分地区先行先试、作出示范。近期中央正式发布了《中共中央 国务院关于支持浙江高质量发展建设共同富裕示范区的意见》,其中明晰了共同富裕的定性方向和基本内涵,并对推进共同富裕作出战略部署。为扎实推进共同富裕,需要制定共同富裕的进程监测体系,由此向着这个目标更加积极有为地努力,让人民群众真切感受到共同富裕看得见、摸得着、真实可感。习近平总书记就提出明确要求,"要抓紧制定促进共同富裕行动纲要,提出科学可行、符合国情的指标体系和考核评估办法"①,因此探索构建共同富裕的监测体系有较大必要。

    本章定位是对当前重大现实问题的应用研究,及时回应当前政策需求。② 基于我国改革开放历史的经验总结,本章将中国特色共同富裕内涵融入发展与共享的理论框架中,定量监测省级层面共同富裕进展,检验共同富裕监测方法的稳健性,并应用该体系分析共同富裕的省级差异来源,诊断各地区推进共同富裕进程中的主要问题,明确各省在推进全国总体共同富裕中的功能定位,并指出各地区推进共同富裕的关键任务。本章分省监测共同富裕工作进展,目的在于找到各省发展过程中的主要问

---

① 习近平:《扎实推动共同富裕》,《求是》2021 年第 20 期。
② 感谢陈基平、王盈斐在数据收集与分析合作中的重要贡献。

题,明确各省在推进全国总体共同富裕中的功能作用,要求在全国"一盘棋"战略下找到自身的政策定位,而不是分省单独推进。

本章共同富裕进程监测体系的创新之处在于,它是从共同富裕的本质内涵出发,区分共同富裕的阶段性、目标性和针对性,是真正全方位、全维度、全过程地反映共同富裕,而不是某个局部的片面反映,故与其他指标体系存在较大不同。尤其从政策应用看,本章的共同富裕监测体系全方位体现以人民为中心,所有指标是对居民维度进行测量,并能反映政府可操作性的政策指标,体现在政府部门工作中有措施、有抓手。

第一节　共同富裕理论内涵与指标体系

一、共同富裕的定量考虑

从最广泛理念上讲,共同富裕就是要实现自由人的联合体,通过社会主义市场经济去寻求人的全面发展、自由人的联合体和全体人民的命运共同体。① 从机会、过程和结果全流程角度看,共同富裕既是结果也是过程,量化共同富裕包括过程导向和结果导向。两套指标体系各有优劣,结果导向指标严谨简单,容易满足更多公理化准则要求,而过程导向指标考虑的维度更多、更易为实际政策使用、政策客观性也更加明显等。国际上通行的人类发展指数是用简单的结果指标来定义,包括人均 GDP、教育水平和人均寿命。多维贫困或全面小康指数,是使用过程指标来监测共同富裕的进展情况。② 第三章结果导向分析只是对事实结果进行描述和

---

① 贾康:《共同富裕与全面小康:考察及前瞻》,《学习与探索》2020 年第 4 期。
② 陈丽君、郁建兴、徐铱娜:《共同富裕指数模型的构建》,《治理研究》2021 年第 4 期。

判断,难以直观了解政策过程中的具体指标贡献,难以对实际政策工作有针对性意义。而本章要讨论的是进程监测体系,侧重政策部门的问题导向,有针对性地监测对应指标的演变进程,使每个指标都能落实到具体操作部门及对应的政策抓手,现实应用性显著更强。

一般来说,难以将主观指标纳入共同富裕函数中,如居民主观满足感、幸福感等,主观定性表述只能作为政策努力的方向,实际政策工作中也难以精确量化,特别是考核评价中存在较大不确定性、权威性不够等问题。因此,本章在定量考虑方面,仅纳入容易量化的客观指标,由此体现各地区监测结果的客观性和可复制性。需要明确的是,共同富裕监测体系是一个综合方法,在对发展与共享进行加总时,我们认为,发展多、共享低或发展少、共享高都能推进共同富裕,这也意味着两种情况的共同富裕都有继续提升的空间。

二、共同富裕远景目标考虑

本章目的是定量监测我国总体共同富裕的推进过程,从而瞄准到2050年基本实现共同富裕,故在监测过程中需要设定2050年的具体目标。然而在实际操作中,要把涉及共同富裕体系的所有指标都明确一个定量目标,这比较困难而且也具有很大的主观性。所以本章的考虑是,不硬性设定到2050年所有指标的理想目标,而只是在当年所有分省数据中,使用同年最大值作为该指标当年的理想值。这样做的好处是规避武断确定所有指标理想值的问题,不主观设定哪个地区才是最共同富裕的地区,也不设定各个指标值多少才算是完全共同富裕,而只是监测评估各省份推进共同富裕的相对进程。不过这种做法也会带来新的问题,用同年相对值的办法容易带来纵向难比较的问题。假如北京为当年最大值,若之后北京各方面指标进步飞速而其他省份进步较慢,这样从纵向看就可能会出现其他省份共同富裕结果相对下降的结果。

不过从本章后面测量结果看,发现虽然不同省份之间的横向差异比较明显,但是从纵向变化来看,各个省份的变化幅度并没有太大差异,并没有出现上面担心的最高省份进步最快而其他省份几乎没有变化的情况。在这种情形下,我们不设定2050年所有指标理想值的做法就可能是合适的。正是基于这个因素,本章就采用历年最大值作为该指标本身最大值的做法,从而监测各省共同富裕程度的横向比较与纵向变化情况。

三、共同富裕的维度和功能

基于《中共中央　国务院关于支持浙江高质量发展建设共同富裕示范区的意见》,结合对提升人类发展福祉和推进共同富裕目标的理解,我们把共同富裕归纳为物质福利、基本公共服务、人的发展、精神文明四个维度。从公理化准则出发,这四个维度既相互关联又独立正交。物质福利包括工资和收入、消费和财产的物质结果方面,基本公共服务主要是实际福祉的影响过程,而人的发展涉及营养、教育、健康等起点投入。这三个维度侧重物质层面的机会、过程和结果,而精神文明维度则跳出物质层面的框架,包括生态环境、社会安全、精神文化和司法政治等方面。总的来看,四个维度之间既能显著分离,分别代表共同富裕的独立方面,又能相互支持补充,从而一起支撑中国特色共同富裕理念的主要内涵。

促进共同富裕就是要以人民为中心,实现人民生活水平"从无到有""从有到富""从富到均"的阶梯性前进,因此推进共同富裕涉及所有维度层面的"可及性""富裕性"和"共享性"。以社会保险为例,可及性是从无到有的制度覆盖过程(即是否有社会保险的覆盖率),富裕性是从有到富的水平提高过程(即社保费人均水平),而共享性是从富到均的共享过程(即个体间社保费差异)。可及性是有和没有的区别,富裕性是高和低的不同,共享性是个体间多和少的差距。具体地,可及性涉及政府服务的覆盖率,主要是机会过程的投入指标;富裕性涉及结果方面的平均水平,主要是结果的绝对产出指标;共享性是福利方面的人群间分配,主要是福祉水平的相对分配指标。在具体衡量指标的选取原则方面,可及性用覆盖率指标,富裕性用绝对水平指标,而共享性则用相对差距指标。

在上面共同富裕的四个横向维度和三个纵向功能基础上,需要进一步选择更多、更具体且可操作性的监测指标。基于中国特色的共同富裕内涵,指标选取原则上必须体现以人民为中心,侧重民生最基本的方面,能够全面覆盖各个不同的领域,体现存量水平和质量范围更高标准的共同富裕,包括城乡、区域和不同群体等。而且共同富裕结果的应用性导向,要求所有监测指标都有对应的政策部门,且每个指标能考核、能评估、可监测,数据来源权威可信,并具有较强的客观性、可视性和可复制性。

四、共同富裕的指标体系设计

在物质福利方面,应侧重人民福祉的最终结果,反映全体人民在实际福利中的获得与共享,既包括收入流量和财产存量指标,也包括前端工资和终端消费指标。随着我国经济强劲增长,居民积累了相当一部分财富,财产性收入成为扩大收入差距的重要原因,因此也要将财富存量作为共同富裕体系的重要内容。在表6-1中,从工资、收入、消费、财产等方面出发,本章共选取17个具体落地指标来衡量物质福利的共同富裕。

表 6-1 共同富裕监测指标体系及 2020 年指标描述

一级指标	二级指标	三级指标	具体落地指标/单位	均值	最小值	最大值	数据来源
物质福利	可及性	工资	失业率（%）	3.0	1.3	4.2	中国统计年鉴
		收入	城乡低保人口占比（%）	3.5	0.5	7.7	中国统计年鉴
		消费	恩格尔系数（%）	29.0	20.1	36.3	中国统计年鉴
		财产	自有住房拥有率（%）	85.5	60.1	95.8	人口普查数据
	富裕性	工资	人均工资性收入（元）	18020	11042	40570	中国统计年鉴
		收入	全省人均 GDP（元）	70825	35995	164889	中国统计年鉴
			居民人均可支配收入（元）	31895	20113	67416	中国统计年鉴
		消费	人均居民消费支出（元）	22249	13479	44285	中国统计年鉴
		财产	人均人民币储蓄存款余额（元）	41414	17209	170364	中国统计年鉴
			人均净财产（元）	2730	895	11087	中国统计年鉴
	共享性	工资	最高和最低行业工资比值	3.2	2.2	6.2	中国统计年鉴
			单位与私营就业工资比值	2.7	1.6	26.3	中国统计年鉴
			劳动报酬占 GDP 比重（%）	51.1	40.9	62.4	中国统计年鉴
		收入	省内城乡人均收入比值	2.5	1.9	3.4	中国统计年鉴
			省内城市间人均 GDP 变异系数	0.5	0.2	0.9	城市统计年鉴
		消费	居民最终消费占 GDP 比重（%）	38.9	27.4	49.8	中国统计年鉴
		财产	省内城市间人均储蓄存款变异系数	0.8	0.3	1.4	城市统计年鉴

续表

一级指标	二级指标	三级指标	具体落地指标/单位	均值	最小值	最大值	数据来源
基本公共服务	可及性	幼	新生儿访视覆盖率（%）	93.7	71.1	99.0	卫生统计年鉴
			3岁以下儿童系统管理率（%）	91.8	71.9	98.0	卫生统计年鉴
			7岁以下儿童保健管理率（%）	93.4	73.4	99.5	卫生统计年鉴
		学	小学净入学率（%）	99.9	99.3	100.0	教育部官网
			高中毛入学率（%）	59.6	53.1	70.5	教育统计年鉴
		劳	失业保险覆盖率（%）	14.9	6.1	59.1	中国统计年鉴
			工伤保险覆盖率（%）	18.4	8.9	56.7	中国统计年鉴
		病	基本医疗保险覆盖率（%）	95.5	76.1	110.5	中国统计年鉴
		老	基本养老保险覆盖率（%）	31.9	13.4	79.8	中国统计年鉴
		住	保障性住房覆盖率（%）	17.3	6.2	46.5	人口普查数据
		弱	孤儿集中养育率（%）	28.4	6.6	100.0	民政统计年鉴
	富裕性	幼	学前教育生均教育经费（元）	13123	5442	46223	教育经费统计年鉴
			每万人妇幼保健院卫生技术人员（人）	2.7	0.8	5.2	卫生统计年鉴
		学	小学生均教育经费（元）	15558	7953	38690	教育经费统计年鉴
			高中生均教育经费（元）	25074	13529	90313	教育经费统计年鉴
			小学阶段师生比	0.06	0.05	0.09	教育统计年鉴
			普通高中师生比	0.08	0.06	0.14	教育统计年鉴
		劳	人均失业救济金（元）	92936	25250	889500	中国统计年鉴
		病	每万人医疗机构床位数（个）	62.4	43.7	75.4	中国统计年鉴
			人均基本医疗保险基金支出（元）	1610	1102	6027	中国统计年鉴

一级指标	二级指标	三级指标	具体落地指标/单位	均值	最小值	最大值	数据来源
基本公共服务		病	每万人卫生技术人员（人）	73.5	57.0	126.0	卫生统计年鉴
		老	每万人养老机构床位数（个）	28.8	11.1	53.8	卫生统计年鉴
			人均基本养老保险基金支出（元）	3939	1594	11204	中国统计年鉴
		住	人均地方财政住房保障支出（元）	532	237	1712	中国统计年鉴
		弱	城镇居民最低生活保障标准（元）	7931	5606	13920	民政统计年鉴
			农村居民最低生活保障标准（元）	5965	4040	13920	民政统计年鉴
	共享性	幼	城乡幼儿园生均教育财政经费比值	0.8	0.5	0.9	教育经费统计年鉴
		学	城乡本科及以上教师占比的比值	0.9	0.8	1.0	教育统计年鉴
		劳	接受就业指导人次性别比值	0.7	0.4	0.9	劳动统计年鉴
		病	城乡执业医师占比的比值	0.7	0.1	0.9	卫生统计年鉴
		老	城镇居民和城镇职工养老保险金相对比值	0.06	0.02	0.12	中国统计年鉴
		住	人均8平方米以下或70平方米以上住房户数占比（%）	15.4	5.4	28.6	人口普查数据
		弱	城乡最低生活保障标准的比值	0.8	0.4	1.1	民政统计年鉴

续表

一级指标	二级指标	三级指标	具体落地指标/单位	均值	最小值	最大值	数据来源
人的发展	可及性	人力资本	15 岁及以上人口文盲比例(%)	5.5	1.3	33.1	教育统计年鉴
		健康状况	国民体质达标率(%)	89.0	76.4	97.1	体育总局官网
			每千人围产儿死亡率(人)	4.5	1.8	12.6	卫生统计年鉴
			出生婴儿体重小于 2.5 千克占比(%)	3.3	1.8	5.9	卫生统计年鉴
			每十万孕产妇死亡率(人)	12.7	2.9	63.7	卫生统计年鉴
			60 岁以上生活不能自理比例(%)	2.8	1.9	5.1	人口普查数据
	富裕性	人力资本	6 岁以上人口平均受教育年限(%)	9.1	5.7	12.4	教育统计年鉴
			劳动技能职业培训人均次数(人次)	5.1	0.5	23.9	劳动统计年鉴
		健康状况	国民体质综合指数(%)	99.9	93.8	107.9	体育总局官网
			人均预期寿命(岁)	75.0	68.2	80.3	人口普查数据
	共享性	人力资本	城乡大专以上人口占比的比值	0.14	0.06	0.25	教育统计年鉴
		健康状况	城乡 60 岁以上健康人口比重比值	0.9	0.7	1.0	人口普查数据
			城乡国民体质指数比值	0.99	0.75	1.04	体育总局官网
精神文明	可及性	生态环境	空气质量等级低于 2 级的天数比例(%)	26.3	1.4	58.7	环境统计年鉴
			森林覆盖率(%)	34.1	4.9	66.8	中国统计年鉴
			农村无害化卫生厕所普及率(%)	59.9	15.8	99.1	环境统计年鉴
		社会安全	每十万人刑事犯罪数(人)	62.9	36.5	112.9	检察统计年鉴
			每十万人火灾发生数(人)	14.7	2.3	50.1	中国统计年鉴
			每十万人交通事故数(人)	18.9	4.6	48.4	中国统计年鉴

续表

一级指标	二级指标	三级指标	具体落地指标/单位	均值	最小值	最大值	数据来源
精神文明	可及性	精神文化	每万人三馆一站建筑面积达标性(城市三馆一站面除以 400 的比值)	1.2	0.6	3.4	中国统计年鉴
		司法政治	基层民主参选率(参加投票人数除以本届登记选民数;单位:人)	82.4	14.2	125.0	社会统计年鉴
	富裕性	生态环境	城市空气质量 PM 2.5 年均值(微克每立方米)	27.7	5.3	51.3	生态环境部
			人均生活用水量(立方米/天)	496	182	2346	中国统计年鉴
		社会安全	人均地方财政公共安全支出(元)	1007	487	3696	中国统计年鉴
		精神文化	人均地方财政文化体育与传媒支出(元)	367	129	1594	中国统计年鉴
			人均公共图书馆藏量(册/人)	0.8	0.4	3.3	中国统计年鉴
			人均文教娱乐服务消费支出(元)	2168	531	4909	中国统计年鉴
		司法政治	每万人口拥有专职律师人数(人)	3.1	0.8	14.7	社会统计年鉴
			每万人口拥有公证员人数(人)	0.11	0.05	0.22	社会统计年鉴
	共享性	生态环境	省内城市 PM 2.5 年度均值变异系数	0.3	0.1	0.9	生态环境部
		社会安全	每十万人甲乙类法定报告传染病发病数(人)	235	116	484	卫生统计年鉴
			每十万人甲乙类法定报告传染病死亡数(人)	1.7	0.3	8.2	卫生统计年鉴
		精神文化	城乡人均文教娱乐消费支出相对比值	0.6	0.3	0.7	中国统计年鉴
		司法政治	女性参与司法政治程度(%)	31.5	17.9	56.8	社会统计年鉴

资料来源:由笔者根据资料整理。其中医疗保险覆盖率最大值超过 100% 是可能的,个别因四舍五入可能存在偏差处都保留 2 位小数点。

　　在基本公共服务方面,结合中国现实国情并参照《国家基本公共服务标准(2021 年)》,它包括"幼、学、劳、病、老、住、弱"等全生命周期的七个方面。基本公共服务必须坚持"政府责任"和"保基本"的根本定位,故所有指标都应与政府支出责任相关,相反其他责任主体或分不清责任主体的指标就不能考虑。另外,基本公共服务的重要方向是要"保基本",体现政府责任法定化或底线化责任,而不能对保障质量作过高要求。由于基本公共服务在一级指标中的定位原则是体现过程,是推进共同富裕的投入指标,因此对应三级指标都应体现政府部门的努力程度和投入过程,而不能是实际结果。基于这些原则,表 6-1 中选取了 33 个具体落地指标来衡量基本公共服务的共同富裕。

　　在人的发展方面,除结果和过程指标外,推进共同富裕更重要的可能还在于起点指标,需要体现机会和能力的作用。同时,为体现中国特色的共同富裕内涵,也需要加入人的发展的起点指标,以反映是基于人的全面发展而实现的共同富裕,而不是北欧国家通过简单福利转移而推进的共同富裕,这也是本书的特色之处。这里对应的三级指标原则上要反映关于人本身的指标,体现把人作为关注对象的发展共享过程,故本章参照联合国人类发展指数的设计理念,选取人的教育水平和健康程度作为监测指标。基于可及性、富裕性和共享性纵向设计原则,表 6-1 中选取了 13 个关于人的发展方面的具体落地指标。

　　在精神文明方面,考虑到我国处于社会主义初级阶段,物质福利与物质积累比较迫切,故前面三个维度都是物质领域,分别是物质方面的起点、过程和结果,但也一定要加入中国特色的精神富裕内涵。这里精神富裕是除物质之外的所有方面,包括生态环境、社会安全、精神文化、司法政治这四个三级指标。实际上精神富裕还可以涵盖更多方面,但如果包罗万象则与推进社会主义全方位现代化没有区别,体现不出共同富

裕目标的阶段性特点,因此我们认为短期内还是要适当聚焦精神富裕
的有限目标,即根据《中共中央　国务院关于支持浙江高质量发展建设
共同富裕示范区的意见》精神划分的生态环境、社会安全、精神文化及
司法政治四个方面。基于与可及性、富裕性和共享性的纵向设计原则,
并结合数据可得性与可比性,表6-1选取了21个与精神文明共同富裕
相关的具体落地指标。

第二节　数据处理与指标统计

一、数据来源与处理

根据共同富裕四个维度与三种功能的交叉设定,结合数据可得性,我
们使用大陆31个省级行政区的84个指标来监测共同富裕进程,手工搜
集2010—2020年以省级行政单位为基础的所有指标,并构造省级面板数
据。宏观加总数据来自中国统计年鉴、地方统计年鉴、城市统计年鉴以及
中国县域统计年鉴,其他数据来自教育、卫生、劳动、环境、民政、社会以及
检察等官方的专业统计年鉴,个别指标来自人口普查数据。由于数据中
存在极个别省份在某年份的数据缺失,我们使用相近年份插值填补。省
内人均GDP变异系数需要结合城市层面数据,因此还使用地级市统计年
鉴数据来估算。

合成共同富裕监测结果前需要考虑多方面因素。首先,指标之间单
位不同、数量级差异较大,简单加总会受量纲影响,因此需要使用标准化
来消除量纲差异。其次,不同指标存在方向性差异,有些指标越低越好,
也有些指标越高越好,这两类指标不能简单加总,而应区分方向来分别标

准化。再次,标准化后结果应具有横向与纵向可比性,由此反映横向差异和历史变化,这要求标准化要考虑尽可能长的时间跨度。最后,标准化后需要满足函数可加可分性,这在后文将详细介绍公理化准则。综合上述考虑,本章使用极差标准化方式,取所有省(自治区、直辖市)在2010—2020年某个指标最大值、最小值作为该指标的最大值、最小值,且统一标准化为正向指标,经过处理后不仅可以横向比较,也可以分析纵向变化。由于各省在纵向上都取得了较为明显的进步,不存在最高省份明显变化而其他省份几乎不变的情形,故以最大值为参照点的方法不会带来其他省份纵向结果还会下降的现象。

二、指标评估体系

结合上面对共同富裕四个维度和三个功能的交叉设计,按照以人民为中心、以政策为导向、全流程体现共同富裕的原则,我们选定84个具体落地指标来监测各层面共同富裕的进展情况。表6-1呈现了标准化之前所有指标的描述统计,结果基本符合直觉。例如,城乡低保人口占比最小值为0.5%,最大值为7.7%,城乡低保可看作高于之前贫困标准的较高贫困线,能够反映物质福利的可及性。人均可支配收入的最小值、最大值分别为西藏自治区的20113元和上海市的67416元。省内城乡人均收入比的最小值、最大值分别为1.9和3.4,分别对应天津市和甘肃省。除物质福利外,基本公共服务、人的发展、精神文明等指标也均在合理区间,保证了共同富裕监测结果的准确性。

第三节　共同富裕监测体系构建

一、指标合成及分解技术

1. 指标合成

共同富裕监测体系包括 4 个一级维度,每个一级维度包括 3 个二级指标,由此交叉相乘形成 12 个二级指标。我们先采用最简单的等权重方式,把每个二级指标权重设定为 1/12,后面再进行稳健性检验。每个二级指标内部也采用等权重方式,如二级指标下有 2 个三级指标,则每个三级指标权重设定为 1/24,若有 3 个三级指标,则每个三级指标权重为 1/36,以此类推。最后将标准化后的指标加权相加,就可以得到合成的共同富裕监测函数。

按照不同加总顺序,共同富裕监测体系可以拆分为 4 个横向维度领域与 3 个纵向功能方面。将所有物质福利的可及性、富裕性、共享性相加,由此得到物质福利指数。当然也可以将所有维度的可及性相加,从而得到共同富裕的可及性指数。通过不同的加总方式,既可以横向分类考察共同富裕的物质福利维度、基本公共服务维度、人的发展维度和精神文明维度,也可以纵向考察共同富裕的可及性、富裕性和共享性功能。

2. 功能维度分解

现实中某个维度或某种功能在省际间可能存在较大差异。为考察不同维度、不同功能对共同富裕的省际间差异影响,下面使用不平等来源的分解方法。参照夏洛克(Shorrocks,1982),省际间共同富裕的总差异为

$Gini(CP)$，用基尼系数衡量可以表示为式(6-1)和式(6-2)。[1] 其中 Cov 为协方差，CP 为共同富裕结果，$\overline{CP}$ 为共同富裕程度均值，S_k 为第 k 项值占总共同富裕程度的份额，G_k 为第 k 项指标的集中率（又称为拟基尼系数），通过分解可以计算各个功能或维度对共同富裕程度差异的相对贡献。

$$CP = \sum_{k=1}^{K} CP_k \tag{6-1}$$

$$Gini(CP) = \frac{2Cov\left[CP, F(CP)\right]}{\overline{CP}} = \sum_{k=1}^{K} \frac{\overline{CP_k}}{\overline{CP}} \frac{2Cov\left[CP_k, F(CP_k)\right]}{\overline{CP_k}}$$

$$= \sum_{k=1}^{K} S_k G_k \tag{6-2}$$

3. 地区差异分解

基于测量地区不平等的泰尔指数方法，式(6-3)还将共同富裕结果分解为地区内和地区间差异。在式(6-4)中，共同富裕程度均值为 $\overline{CP}$，省份 j 共同富裕程度为 CP_j，共同富裕的地区泰尔指数为 T；可进一步计算不同地区的泰尔指数 T_i，其中 $\overline{CP_i}$ 为地区 i 的共同富裕程度均值，CP_{ij} 为 i 地区 j 省份的共同富裕程度。按照泰尔指数分解公式，共同富裕结果差异可分解为地区内部的泰尔指数加权和 T_w 与地区间泰尔指数的差异 T_b。

$$T = \frac{1}{n} \sum_{j=1}^{n} \left(\frac{CP_j}{\overline{CP}} \times \ln \frac{CP_j}{\overline{CP}}\right); T_i = \frac{1}{n_i} \sum_{j=1}^{n_i} \left(\frac{CP_{ij}}{\overline{CP_i}} \times \ln \frac{CP_{ij}}{\overline{CP_i}}\right) \tag{6-3}$$

$$T = T_w + T_b = \sum_{i=1}^{I} \left(\frac{n_i}{n} \times \frac{\overline{CP_i}}{\overline{CP}} \times T_i\right) + \sum_{i=1}^{I} \left(\frac{n_i}{n} \times \frac{\overline{CP_i}}{\overline{CP}} \times \ln \frac{\overline{CP_i}}{\overline{CP}}\right)$$

$$\tag{6-4}$$

---

[1]　Shorrocks A. F., "Inequality Decomposition by Factor Components", *Econometrica*, 1982, pp.193-211.

二、公理化准则讨论

监测体系应当遵循单调性、一致性、可加性、可分解性等一系列公理化准则。[①] 尽管很难构造出同时满足所有公理化准则的方法，但基于一系列公理化准则来建立共同富裕监测体系，要比基于经验总结的方式更科学、系统和全面。而且监测体系满足基本公理化准则，既是保证结果稳定性的重要前提，也是进一步分析和应用监测体系的重要保证，关于公理化准则的更多讨论可参考查克拉提(2011)。[②]

1. 标准化性质

设计的共同富裕综合监测体系要满足标准化性质，这可以确保指标不会因综合过程而偏离原始数据的相对大小。若某省份所有指标的相对顺序都是第一，那么最后综合结果的相对顺序也应该是第一。由于共同富裕程度通过简单相加方式构建，而且经过数据标准化处理，因此可以满足标准化性质。

2. 可加可分性

可加性也叫加总一致性，是指综合结果大小不会因为指标的加总顺序不同而出现差异。监测体系在满足可加性和可分性后，就便于分解结果差异的来源。本章监测体系有 4 个一级维度，每个维度又同时具有可

---

① Alkire S., Foster J.E., "Counting and Multidimensional Poverty Measurement", *Journal of Public Economics*, 2011, Vol.95, No.7, pp.476-487.

② Chakravarty S.R., "A Reconsideration of the Tradeoffs in the New Human Development Index", *Journal of Economic Inequality*, Vol.9, No.3, 2011, pp.471-474.

及性、富裕性和共享性这 3 个二级功能。这里加总一致性是指无论是横向维度相加还是纵向功能相加,得到的共同富裕结果都相同。我们采取简单等权重算术平均方式相加,既可以按维度加总得到,也可以按功能相加得到,故可以反过来按此逻辑进行分解,因此严格满足可加可分性质。

3. 单调性与同质性

单调性与同质性也是监测体系设计的基本要求。对本章监测结果而言,在经过统一正向标准化之后,单调性意味着任一指标增加会导致综合监测结果增加。由于本章监测体系采取简单平均相加,且各个指标经过标准化处理为同向指标,因此能严格满足单调递增。同时监测体系也能满足同质性,即所有指标不会因为单位发生变化而改变各省份之间的相对顺序,由于监测结果已经过标准化处理,因此这一点也可以得到满足。

三、权重设定与结果稳健性

在监测体系构建过程中,需要检验指标不同权重关系带来的稳健性问题。目前直接比较四个维度相对重要性的成果较少,而且很难主观判断哪个方面更加重要,因此可以从最简单的等权重设定开始。不过,现实中不同省份处于不同发展阶段,对不同维度、不同功能的发展要求可能存在差异,因此也需要考虑差异化权重问题。为尽量反映维度和功能间的差异性,本节使用专项文件《中共中央　国务院关于支持浙江高质量发展建设共同富裕示范区的意见》中的对应段落数来做权重,以此检验不同维度、不同功能的相对重要性。该文件包括 6 大板块共 20 段的核心内容,其中物质福利、基本公共服务、人的发展和精神文明的段落比例大致为 6∶6∶3∶5,可及性、富裕性和共享性的分配权重大致为 7∶7∶6,因此按照这个大致比例关系来赋权检验稳定性。

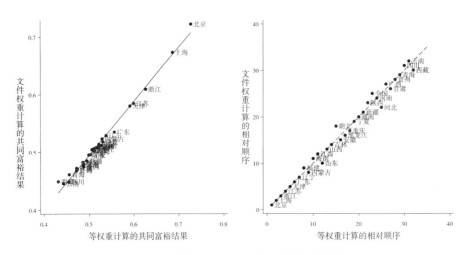

图6-1　等权重与差异化权重的关系检验

资料来源:笔者根据本章数据库计算整理。左图中不同省份结果比较聚集,相对顺序也可参见图6-2。

图6-1呈现了两种不同权重下共同富裕结果的变化。左图发现等权重计算共同富裕程度越大的省份,利用《中共中央　国务院关于支持浙江高质量发展建设共同富裕示范区的意见》权重计算的共同富裕结果也相应更大,而等权重计算越小的省份,利用文件权重计算的结果实际上也更小。右图进一步考察不同权重方式是否会改变省份间的结果相对顺序,发现用文件段落显示的权重调整后,除极个别省份小幅偏离原顺序外,大部分省份保持完全一致,这说明使用不同权重后的省份间顺序也不会有明显变化。

我们还使用严格的随机赋权方式来进一步检验权重变化所带来的影响。通过随机赋权方式生成1000次权重,并据此计算各省份的共同富裕监测结果(见图6-2)。即便使用随机赋权方式,发现这与等权重计算的共同富裕结果顺序也基本一致,同时标准误差相对较大。不过图6-2中右端5个省份的共同富裕程度明显高出很多,且标准误差明显较小,除北京市、上海市、天津市等直辖市之外,浙江省和江苏省的共同富裕表现也很强势,尤其是标准误差相对较小,这说明共同富裕监测体系具有较好稳定性,不会因权重设定差异而出现很大变化。

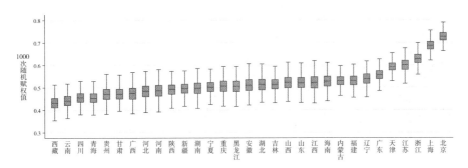

图 6-2　共同富裕监测结果与随机赋权的稳定性

注:横坐标按照等权重计算的共同富裕监测结果从小到大排列。笔者根据本章数据库计算整理。

第四节　共同富裕监测结果分析

一、共同富裕监测的横向维度

图 6-3 呈现了我国 31 个省(自治区、直辖市)的总体共同富裕结果。综合共同富裕程度较高的省份有北京市、上海市、浙江省、江苏省和天津市等,浙江省作为共同富裕示范区,是除直辖市之外共同富裕程度最高的省份。全国最高值和最低值的倍数差接近 2 倍,这反映了我国较大的地区间差异,不同省份在推进共同富裕的道路上还存在较大的阶段性差异。浙江省在四个横向维度和三个纵向功能上都位居前列,体现了浙江省作为共同富裕示范区有很大的可借鉴之处。除浙江省外,北京市、上海市、江苏省无论是在可及性、富裕性和共享性方面都明显靠前,在物质福利、

基本公共服务、人的发展和精神文明等横向维度结果方面也明显优先。

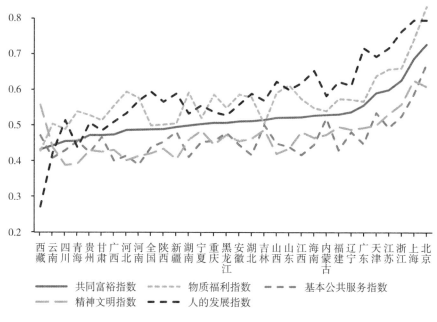

图 6-3   2020 年共同富裕横向维度的省级差异

注：横坐标按照等权重计算的共同富裕监测结果从小到大排列。笔者根据本章数据库计算整理。

总体来看，综合结果较高的地区在四个维度指标方面的表现都较高，而综合结果较低的地区在四个维度上的表现都相对较弱，表明所有横向维度方面的省级差异都大致相同。尽管本章的共同富裕包括物质福利、基本公共服务、人的发展和精神文明四个不同维度，但最终呈现的省份间共同富裕程度和我国地区经济发展水平却比较类似。共同富裕程度较高的几乎都是东部沿海地区，较低的几乎都是西部欠发达省份。这说明经济发展水平是共同富裕的决定性因素，没有经济的持续增长也就很难实现高标准的共同富裕。图 6-3 也说明，共同富裕存在明显地区差异，要推进全国整体共同富裕，不仅要缩小省份内的城乡区域和人群差距，而且也要重视缩小省份之间的共同富裕差异，需要发达省份更多带动支援欠发达省份的发展。

二、共同富裕的纵向功能分析

图 6-4 继续呈现我国 31 个大陆省级行政区共同富裕的纵向功能值。发现共同富裕程度较高的地区,三种纵向功能结果也普遍较高,即共同富裕纵向功能具有相似的地区差距特点,这与经济发展水平密切相关。从地区间比较看,东部发达省份的三种功能值要明显高于欠发达地区,发达地区不仅富裕性更高,而且可及性和共享性也较高。不过三种功能值的省级差异存在较大不同,可及性和共享性的省际差异较小,而富裕性的省际差异较大,且明显大于可及性、共享性的级差范围,从而导致共同富裕程度具有较大的省际差异性。

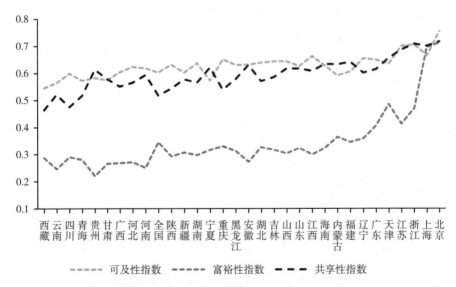

图 6-4 2020 年共同富裕纵向功能的省级差异

注:横坐标按照等权重计算的共同富裕监测结果从小到大排列。笔者根据本章数据库计算整理。

从图6-4还可以看到,富裕性是共同富裕地区差异的最大来源,这个富裕性不仅指物质福利上的,还包括基本公共服务、人的发展、精神文明等多方面。这说明无论哪一种纵向功能视角,都离不开经济上的总体富裕,经济发展是重要的物质基础,共同富裕的所有横向维度和纵向功能结果都与经济发展水平密切相关。综合图6-4结果,我们应该认识到经济发展和共同富裕目标具有很高程度的统一性,经济高质量发展是我国共同富裕的必要前提。

三、共同富裕进程的动态变化

除考察共同富裕程度的省际间对比外,还可以利用省级面板数据观察共同富裕程度的变化。图6-5呈现了2010年、2015年和2020年我国31个省(自治区、直辖市)共同富裕程度的变化情况,发现随时间变化,所

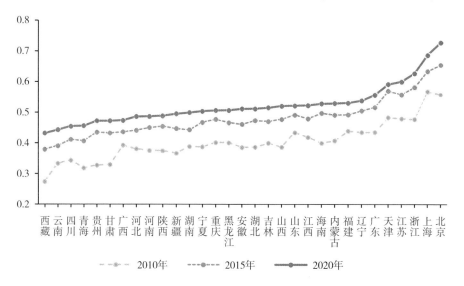

图6-5 我国共同富裕进程的动态变化

注:横坐标按照等权重计算的共同富裕监测结果从小到大排列。笔者根据本章数据库计算整理。

有省(自治区、直辖市)的共同富裕程度都显著提高,这种提高是普遍的,且几乎没有改变各省之间的相对顺序。共同富裕在初始禀赋较高和较低地区的提高幅度都较大,这不仅说明过去各省(自治区、直辖市)在共同富裕方面都取得了很大进步,体现出社会主义制度在促进全体人民共同富裕方面的制度优越性,同时也说明不同省份之间的流量变化都很明显,不会存在最高省份快速提升而其他省份几乎不变的情形,因此使用维度最大值来界定理想门槛的做法在技术上是基本可行的。

第五节　共同富裕监测结果的分解讨论

一、维度功能的来源分解

根据加总一致性的公理化准则,可以按横向维度领域、纵向功能视角对共同富裕结果差异进行分解。在四个横向维度中,表 6-2 中人的发展维度解释了共同富裕差异的 42.9%,成为最大的横向维度来源;其次是物质福利维度,解释了 24.4% 的差异;精神文明和基本公共服务的差异贡献相对较少,分别解释了 17.1% 和 15.5%。其中,人的发展维度贡献最大,主要是因为人的发展的富裕性、共享性差异较大,这说明要推进共同富裕的主要"短板"还是在人的发展方面,局部地区在人的发展方面还存在较为明显的"短板"弱项。

从 3 个纵向功能视角看,首先富裕性的差异最大,解释了共同富裕 49.4% 的总体差异来源;其次共享性解释了 30.8% 的差异来源;可及性的差异最小,解释力度只有总体差异的 19.8%,这说明我国在所有维度领域的可及性方面没有多少差异,我们总体上已经走过了可及性发展阶段。

进一步地看,富裕性贡献比例大主要是因为省际间物质福利、人的发展水平的富裕性差异较大,由此这也应该是未来的政策重点。

表6-2　2020年共同富裕的构成分解　　　　　　（单位:%）

横向/纵向分解	可及性	富裕性	共享性	加总
物质福利	0.2	20.9	3.3	24.4
基本公共服务	8.3	6.1	1.1	15.5
人的发展	8.2	17.4	17.3	42.9
精神文明	3.0	5.0	9.1	17.1
加总	19.8	49.4	30.8	100

注:限于篇幅仅报告了各分项结果对共同富裕总差异的相对贡献,个别数据因四舍五入原因略有差异。

二、组内组间的地区分解

由于共同富裕存在较大的地区间差异,表6-3继续将我国大陆31个省(自治区、直辖市)分为东部、中部、西部和东北部地区,并分解考察地区间与地区内的差异。结果显示,共同富裕差异主要还是四大地区间差异所造成的,这种差异能占到共同富裕总差异的52.8%。这说明,我国共同富裕的地区差异,几乎都以四大地区间的差异为主。

进一步分功能和维度来看,在物质福利方面,富裕性主要是地区间差异在主导,它占总差异的56.1%,可及性和共享性则主要是地区内差异。在基本公共服务方面,地区内差异占主要作用,其中可及性和富裕性主要是东部内部的省份差异,共享性主要是西部地区内部的省份差异。在人的发展方面,可及性主要是地区内差异,西部地区内的省份差异占总差异的70.6%,富裕性和共享性则主要以四大地区间的差异为主。在精神文明方面,大部分都是地区内的省份差异,可及性和共享性主要是西部地区内的省份差异,富裕性主要是东部地区内的省份差异。

表6-3 共同富裕监测结果的地区差异分解 （单位:%）

地区分解		地区内差异				地区内差异合计	地区间差异合计
		东部	中部	西部	东北部	合计	合计
共同富裕	总体	38.0	0.8	7.9	0.4	47.2	52.8
物质福利	可及性	48.3	2.3	22.4	1.0	74.0	26.0
	富裕性	38.2	0.7	4.6	0.4	43.9	56.1
	共享性	17.5	5.1	46.2	14.0	82.8	17.2
基本公共服务	可及性	55.2	1.5	14.8	0.8	72.4	27.6
	富裕性	60.5	2.4	11.4	0.2	74.5	25.5
	共享性	13.6	30.0	42.9	5.3	91.9	8.1
人的发展	可及性	1.3	1.2	70.6	0.2	73.3	26.7
	富裕性	14.9	1.1	36.9	1.5	54.4	45.6
	共享性	20.5	1.5	24.4	2.0	48.4	51.6
精神文明	可及性	30.2	9.3	48.1	0.2	87.8	12.2
	富裕性	42.6	3.0	31.2	0.0	76.9	23.1
	共享性	10.8	3.0	52.4	0.2	66.4	33.6

注:笔者根据本章数据库计算整理。

三、共同富裕的变动分解

下面继续考察共同富裕程度在2010—2020年的变动原因。图6-6从横向维度看变动原因,发现各省份共同富裕程度都有所提高,且物质福利和基本公共服务维度明显上升,解释了共同富裕程度的大部分变动。

分省份看,在共同富裕取得较大进步的省份中,北京市和浙江省的明显进步主要来自物质福利维度的大幅提高,西藏自治区进步较大主要在于人的发展、精神文明维度的提高,贵州省共同富裕大幅进步也主要是物质福利和基本公共服务维度的显著提升。图 6-6 说明,各省(自治区、直辖市)共同富裕程度提高的主要原因,是物质福利方面和基本公共服务提高较为明显,而人的发展和精神文明维度的贡献相对较小。

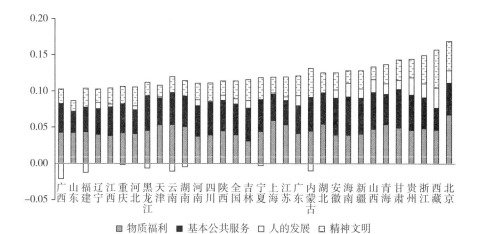

图 6-6　2010—2020 年共同富裕的横向变动分解

注:横坐标按照共同富裕变化绝对值来排列。笔者根据本章数据库计算整理。

图 6-7 从纵向功能角度看变动原因,发现各省(自治区、直辖市)共同富裕提高的主要原因在于可及性和富裕性提高,共享性变化则相对较小。分省份看,共同富裕提高幅度较大的省份中,北京市主要是靠富裕性大幅提高,西藏自治区主要是靠可及性提高,浙江省三种功能的进步幅度都比较明显,再次说明共同富裕示范区的可借鉴之处。同时,图 6-7 也说明发达地区的富裕性提高明显,而欠发达地区的可及性提高明显,由此都显著推动了共同富裕进步。

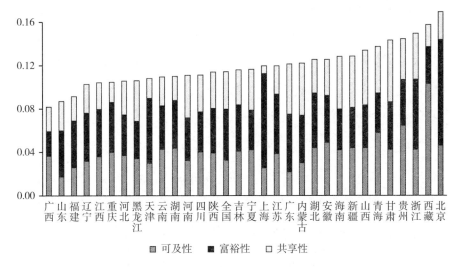

图 6-7　2010—2020 年共同富裕的纵向变动分解

资料来源：笔者根据本章数据库计算整理。

第六节　共同富裕的功能分区与政策应用

一、功能分区与目标定位

目前国内关于共同富裕的定性讨论较多，但是很少有拿出具体推进方案的相关研究。根据"从无到有""从有到富""从富到均"的设计理念，我们建议依照共同富裕的可及性、富裕性和共享性情况，阶梯式推进全国总体层面的共同富裕。考虑到不可能同时同步实现共同富裕，可以按照可及性、富裕性、共享性来综合分段，对 31 个省（自治区、直辖市）划定共同富裕的"可及区""富裕区""共享区"，并有针对性地确定各省的功能定位和政策重点。

"可及区"是指综合共同富裕程度低且各维度"可及性"处于最低水平的省份,是发展阶段低且制度尚处于起步的地区,其首要任务应该是继续扩大基本福利覆盖率,提升政策保障的可及性。"共享区"是指目前已超越可及性和富裕性,并过渡到侧重共享发展的省份,它们经济发展水平高且基本福利早就实现普惠普及,未来主要任务是要实现更高程度的共享,并通过共享来进一步促进发展。除"可及区"和"共享区"外,剩余省份都可界定为"富裕区"。本章将共同富裕总体结果靠后且可及性明显偏低的省份划分为"可及区",定性地设定7个省(见表6-4),并将共同富裕总体程度靠前且富裕性很高的7个省份定性地划分为"共享区",剩下的17个省份则为"富裕区"。

表6-4 各省共同富裕的功能分区和政策定位

功能分区	可及区	富裕区	共享区
行政地区	广西、甘肃、贵州、青海、四川、云南、西藏	辽宁、内蒙古、海南、江西、山东、山西、吉林、湖北、安徽、黑龙江、重庆、宁夏、湖南、新疆、陕西、河南、河北	浙江、北京、上海、江苏、天津、福建、广东
政策定位与主要推进措施	效率优先,发展、增长是第一要务,主要提高政策保障覆盖率	发展是关键,在发展中推进总体富裕,推进结构转型,促进效率和富裕水平提升	已发展到较高程度,主要目标是促进公平分享,以共享推动进一步发展

资料来源:笔者根据本章结论整理。

在统筹推进全国总体共同富裕的框架下,在操作中可以明确各省份的功能定位和工作重点。"可及区"应优先提高各领域的制度可及性,让更多低收入群体能够接入政策保障和覆盖范围。"共享区"因为已远远超过了底线接入和政策覆盖的发展阶段,居民各维度的富裕水平也相对较高,已过渡到高标准推动共享的发展阶段,所以核心定位就是要侧重提高各维度的共享性。"富裕区"虽然已超过"可及区"阶段,但总体富裕程度还不够高,因此仍应注重提高各维度的富裕水平。总之,三类地区应充分考虑自己所处阶段,并找准自己的功能分区和政策定位,不能为了推进各自内部的共同富裕,而盲目出台超越自身发展阶段的政策措施。

二、问题诊断与任务导向

1. 可及区的问题

从省份比较看,无论是横向维度还是纵向功能划分,本章都发现西藏自治区、青海省、贵州省、甘肃省、云南省、广西壮族自治区、四川省是相对欠发达地区,说明表6-4中可及区的欠发达情况是全方位的。图6-6和图6-7发现青海省、贵州省、甘肃省、西藏自治区共同富裕程度的变化最为突出,其中主要是物质福利、基本公共服务的横向维度,同时可及性和富裕性纵向功能的提高也十分明显。因此对于可及区来说,可以依托后发优势抓住起步阶段的机遇,尽快通过发展和增长来解决目前困境,全方位提高政策覆盖与保障的可及性,迅速提高自己的经济发展水平,也为下一阶段提高富裕性做好铺垫。

2. 富裕区的问题

相比于可及区,富裕区在各个维度上的可及性都相对较高,主要问题在于富裕性不足。从图6-6和图6-7可以看到,山东省、辽宁省、黑龙江省等地的共同富裕变化相对不高,这主要源于经济增速相对下降,发展存在结构性问题,造成物质福利、基本公共服务水平的富裕功能提高缓慢,共同富裕程度进步不太明显。应该说,富裕区的主要问题在于发展速度相对偏低,还没有达到共享区的发展水平,但是仍然存有很大的发展潜力。所以解决富裕区问题的关键在于重视发展,需要因地制宜发挥比较优势,寻找新的经济增长点,重点突破发展"瓶颈"难题,尽快向共享区靠拢。

3. 共享区的问题

共享区主要是我国东部沿海的发达省份,它们经济结构各有特色,已形成一套成熟的发展模式,这些地区在全国具有增长极的特点,经济发展好、人均生活水平较高。然而也应该看到,北京市、上海市、天津市主要是富裕水平很高,但共享进步仍有待提高,而浙江省的可及性、富裕性、共享性是协同进步,体现出更多的包容性,这也是浙江省能成为共同富裕示范区的重要原因。共享区基本是我国主要发达地区,经济发展水平已和发达国家水平相当,各维度的可及性和富裕性都较高,它们的主要问题是共享程度还不够高。因此,需要探索共享性更高的经济发展模式,要进一步提高省内发展共享性,也要扩大对省外欠发达地区的支援力度,这是共享区推进全国共同富裕的重要任务。

第七节　政策结论和方向思考

一、主要政策结论

本章从理解中国特色共同富裕的理论内涵出发,将共同富裕划分为物质福利、基本公共服务、人的发展和精神文明四个横向维度,并基于"从无到有""从有到富""从富到均"的理念,把共同富裕划分为可及性、富裕性和共享性三种纵向功能。通过全方位反映共同富裕的功能维度,构建了以居民为中心、以政策为导向、全流程体现共同富裕的监测指标体

系,并选取 84 个具体落地指标来监测共同富裕进展。基于我国 31 个省
(自治区、直辖市)2010—2020 年的省级面板数据,本章还分析了共同富
裕结果的差异来源,提出了各省份的功能分区和阶段性政策定位,诊断各
地区推进共同富裕的主要问题,并明晰了各地区推进全国总体共同富裕
的关键任务,发现以下主要结论。

1. 目前我国总体上已经走过了发展可及性和数量扩张的阶段,逐渐
迈向富裕共享和质量提升的发展阶段,共享发展是未来共同富裕的关键
任务

目前从各种维度的可及性指标来看,大部分省份的指标系数相对
较高,各省份的可及性差异也偏小。省际间的差异主要在于富裕性和
共享性方面,特别是省际间物质福利的富裕性差异较大,这也是未来政
策的重点任务。从变化趋势上看,发达地区的富裕性提高较为明显,而
欠发达地区的可及性提高明显,由此都显著地推动了全国总体共同富
裕的进步。

2. 不同地区所处的共同富裕阶段明显不同

按照本章的功能划分,我国不同地区所处的共同富裕阶段明显不
同。西部欠发达地区富裕水平相对较低、共享程度不够,甚至连可及性
程度都明显偏低,是制约共同富裕的主要难题。东北部地区虽然超越
了可及性阶段,但富裕性水平相对较低,尤其是近年来陷入增长速度下
降难题,因此提高经济发展水平是未来的主要任务。东部发达地区全
方位领先其他省份,主要问题还是共享性不足并带来了相关社会问题,
因此主要任务还是要提高省内和省外的共享程度,并通过共享来推动
进一步发展。

3. 我国共同富裕程度存在较大的城乡区域差异,特别是物质福利和基本公共服务的地区间差异明显

在横向维度方面,发达地区的共同富裕及四个横向维度均较高,而欠发达地区的横向维度都相对较低,由此发现经济发展是共同富裕的先决性条件。在纵向功能方面,省际间富裕性存在较大差异,这主要是由发达和欠发达地区之间的发展水平差异所导致。因此,我国共同富裕的地区差异主要原因在于经济发展水平不同,物质福利、基本公共服务、人的发展和精神文明的富裕性都存在较大的地区间差距。

4. 我国共同富裕主要"短板"还是人的发展方面差异较大,局部地区人的发展方面存在明显缺陷,个别省份的一些制度覆盖还没有健全

虽然我国物质福利基本实现了政策可及性,但是富裕性方面还有较大提升空间,共享性明显相对不足。经济基础是迈向共同富裕的基本前提,也是人的发展和物质福利的保障来源。从变化趋势看,过去各省(自治区、直辖市)共同富裕提高的主要原因,是物质福利和基本公共服务的提高较为明显,而人的发展和精神文明提高幅度则相对较小,因此是未来促进共同富裕的重要政策任务。

二、基本方向判断

1. 我国目前已进入更加注重共享发展的历史阶段

在全面消除绝对贫困并开启第二个百年奋斗目标的背景下,党中央细化提出共同富裕的远景目标,标志我国进入更加注重共享的新发展阶段。在各省份可及性、富裕性和共享性的总体结果基础上,发现富裕程度偏低的省份对发展的需求日益迫切,而部分已实现相对较高富裕的省份

需要通过共享来进一步促进发展,总体认为,当前我国进入到要更加注重共享发展的历史阶段。

2. 经济发展是推进共同富裕的最基本手段

我国目前仍处于社会主义初级阶段,相关人均发展指标并不太高。要推进高标准的共同富裕目标,经济发展仍然是第一位的。从结果上看,发展维度高的省份其共享维度表现也更好;相反,经济发展水平低则共享维度指标也不会太高。在处理共享与发展的关系方面,经济发展水平是共同富裕的决定性因素,发展是共同富裕最基本的前提,没有经济水平的可持续增长,也就很难实现高标准的共同富裕,因此仍要把发展作为推进共同富裕最基本的手段。

3. 要全国"一盘棋"统筹推动共同富裕

我国存在较为明显的城乡和区域发展差异,全国共同富裕既存在各省份内部的组内差异,也存在省与省之间的组间差异。推动共同富裕一定要在全国统筹下合力推进,核心是要瞄准城乡区域的组间差异,但不能各自单独另立体系。不能各省单独制定自己的评价体系,不能分省确定各自的考核办法,不能分省推动各自的共同富裕而不兼顾其他地区,尤其不能分城乡,分东部、中部、西部来单独推进共同富裕。

4. 分省明确共同富裕的重点定位

在统筹推进全国总体共同富裕的框架下,在操作中可以明确各省份的功能定位与重点分工。对于可及性仍然欠缺的地区,应该先保证可及性的全面覆盖。对于已超越可及性阶段但富裕水平一般的地区,应加快经济增长速度,进一步提高发展水平。对于发展水平已经很高的地区,应鼓励探索共享性更高的经济增长模式。在全国统筹下,不同地区应充分考虑自身所处阶段,找准自己的功能分区和政策定位,不能为了迅速实现共同富裕而盲目出台超越自身发展阶段的政策措施。

5. 分阶段协同推进共同富裕

共同富裕是全国"一盘棋",在探索阶段可通过浙江省等先行地区积累经验,而在实质性推进阶段,其他各省份也应该在可及区、富裕区、共享区功能定位基础上分步推进。各省份在推进各自内部共同富裕进步的同时,也要服务于全国整体统筹的共同富裕工作。这需要分区域明确共同富裕的政策重点,如优先提高西部的政策覆盖与可及性,倾斜性支持中部和东北部地区的经济增长,重点支持东部地区的共享发展等。

第七章　推进我国共同富裕的
制度方向与重大政策

　　在开启第二个百年奋斗目标的背景下,全国上下正向高标准的共同富裕目标迈进,目前从中央到地方都在积极推进共同富裕工作。在实施过程中,存在从内涵理念、方向路径到政策措施的全方位讨论,存在很多理论和实践方面的不同观点。在我国开启全面建设社会主义现代化国家新征程背景下,这些问题困扰着推进共同富裕的政策方向,困扰着推进共同富裕的实际政策工作,亟须要对这些重大方向性问题和重大制度性安排作出明确判断,明晰共同富裕的方向路径和体制机制,并指导各地方制定具体的政策措施。本章从文献评述视角,分析讨论共同富裕的关键制度和政策,并给出相应判断。

　　从统筹国际和国内、历史和现实两个视角看,当前我国仍然处在社会主义初级阶段,在追求到2035年共同富裕取得实质性进展的过程中,短期内我们的底色定位还应该是发展中国家,推进共同富裕过程的首要任务仍然还是要发展、要增长。不过在全面实现小康社会目标的基础上,也需要直面共享发展领域积累的各种矛盾,直面全球资本强势带来共享诉求的不断增加,目前有能力也必须去解决过去几十年经济高速增长所伴随的共享发展问题,用发展的办法解决各种不平衡不充分问题。我们要坚持改革开放,走中国特色社会主义市场经济道路,要避免美欧的高福利主义,坚持社会主义管资本的制度优势,以市场经济和公共政策调节来助推共同富裕目标。

在以人民为中心的发展思想指引下,我们需要建设全方位、更高标准但与西方明显不同的民生保障体系,以中国特色更高的"最低富裕"标准,来支撑托底全体人民共同富裕。侧重瞄准城乡区域和人群间均衡发展,通过新型城镇化推进高质量市民化,以城带乡、融合发展,抓好区域间横向带动机制,促使中西部地区共享发展。结合当前发展阶段要优化产业结构,稳定制造业比重,支持以高质量就业作为共同富裕的根本出路。通过土地要素改革、普惠金融制度、直接税和数字平权化措施来推进共同富裕。加大对民生支出和全生命周期公共服务支出力度,以财政税收、社会保障和公共服务等再分配工具来调节收入分配差距,最终使全体人民实现共同富裕。

第一节　重大方向判断讨论

一、全球福利政策是否再次回归

随着新技术革命带来更多的不确定性,人们对未来生活的担忧情绪加剧,社会公众对民生保障的需求也与日俱增,因此福利政策理念越来越获得重视。[①] 特别是 2008 年国际金融危机以来,随着全球不平等加剧,

---

① Haushoffer J., Shapiro J., "The Short-term Impact of Unconditional Cash Transfers to the Poor: Experimental Evidence from Kenya", *Quarterly Journal of Economics*, Vol. 131, No. 4, 2016, pp.1973-2042.

一些国家贫富分化,中产阶层塌陷,导致社会撕裂、政治极化、民粹主义泛滥[1],福利主义思潮也再次席卷全球,以此来应对百年未有之大变局。[2]

近年来,出现了全球性社会抗议浪潮,很多经济体爆发了不同程度的社会不稳定问题,如暴力革命、政权动荡或社会大骚乱,体现居民对全球政治、经济、社会各方面的不满。特别是西方国家居民在收入出现倒退、失业水平开始上升时期,社会成员不堪权利被剥夺或抑制,从而可能上街游行或暴力抗争。有观点认为,福利政策不仅能够保证居民的门槛福祉,防止由收入下滑所带来的潜在性社会问题;福利保障还能保证最起码的结果公平,提高社会信任水平,从而防范各种矛盾传导至社会不稳定风险。[3]

尽管福利主义并不是一个新概念,但近几年丹麦、荷兰、法国、英国等都在讨论类似的政策,甚至以自由主义著称的美国,近年来也开始明显增加政府福利支出比重。为什么福利政策理念最近再次成为全球讨论的焦点? 在经济水平达到更高阶段后,人类文明也随之进入更高发展形态,人们对社会的基本诉求从禁止奴隶买卖提升到"享有必备的基本福利",保证稳定的基本福利成为广大居民的诉求。[4] 在全球福利政策再次回归的影响下,对居民福利的保障成为各国普遍做法。不过在经济增速放缓和老龄化日益严重的大环境下,西方政府面临很大的财政赤字和公共债务压力,而民众改善生活水平、享受更多公共服务、提升社会公平的呼声强

①　习近平:《扎实推动共同富裕》,《求是》2021年第20期。

②　万海远、李实、卢云鹤:《全民基本收入理论与政策评介》,《经济学动态》2020年第1期。

③　Standing G., *Basic Income: And How We Can Make it Happen*, Penguin Books, 2007, pp.3-19.

④　Lansley, S., H. Reed, *Basic Income for All: From Desirability to Feasibility*, 2019, https://www.compassonline.org.uk/publications/basic-income-for-all-from-desirability-to-feasibility/ (2020-01).

烈,这让西方福利主义制度进退维谷。①

二、建设更高标准的民生保障体系

近期关于建设更高标准民生政策体系问题引起很多讨论,过去我们使用了经济赶超模式,但再往下走显然会遇到一定困难,包括经济结构失衡、城乡区域不协调发展等,如韩国赶超模式最大的弊端就是政府银行和大企业勾连下的财阀现象,这种赶超模式难以做到高标准共同富裕,因此需要作出适当改变。但纵然作出改变,我们也不可能迅速向北欧的福利主义转变。实际上我们不可能紧跟它们的发展历程,中国特色社会主义国家应该探索具有自身特征的发展路径,但不管是哪种方式,提高民生保障水平都是应有之义。

推进全体人民共享富裕的重点,在于提高基本公共服务供给和促进人的全面发展,在于不断提升居民能获得的保障标准。蔡昉(2021)认为,合理运用再分配手段可以兼顾公平和效率,提升居民生活水平是缩小差距和实现共同富裕的必然做法。② 郑功成(2021)也认为,第二次世界大战后欧美资本主义国家普遍建立福利制度,收取高税收、提供高福利,并逐步涵盖社会保障的各个方面,一定程度上加快了本国发展进程,但过高水平的福利政策也容易带来劳动参与率下降、就业积极性降低、创新活力不足、经济缺乏增长动力等。③ 不过宋晓梧(2016)认为,从社保支出占财政支出或 GDP 比重看,我国社保支出水平总体上处于较低水平,因此

---

① 鲁珊:《"共同富裕"不是西方高福利政策的"中国版"》,《长江日报》2020 年 11 月 28 日。

② 蔡昉:《认识把握人口形势带来的机遇与挑战》,《经济日报》2021 年 5 月 21 日。

③ 郑功成:《面向 2035 年的中国特色社会保障体系建设——基于目标导向的理论思考与政策建议》,《社会保障评论》2021 年第 1 期。

合理提高社会保障支出还有较大空间①,尤其是可以划转更多国有资产到社保基金,以此增加民生保障的资金来源。

中国特色社会主义的共同富裕,与欧美国家的高福利政策有一定的共同之处,但也存在巨大区别。我们认为,目前我国还不能走福利主义道路,人民群众面临的问题是如何有稳定的就业和收入,若过度追求福利主义就有可能陷入增长陷阱。不过在当前,中国确实已进入民生保障体系建设的关键时期,到了提升保障标准的发展阶段,只不过这里明显不同于北欧的福利主义,而是在发展中逐渐改善民生,是在现有制度基础上不断提高居民福祉水平。②

三、如何更好发挥集体经济作用

集体经济属于劳动群众集体所有、实行共同劳动、以按劳分配为主体的经济组织,一直以来对传统集体经济在共同富裕进程中的地位存在不同看法。王宾和杨霞(2021)认为,农业集体组织的建立健全、农业集体经济的蓬勃发展,将促进集体经济组织更好地服务本集体及其成员,将会带领农民走向共同富裕。③ 崔超(2021)提出,发展农村集体经济能有效缓解贫富差距,有助于提高农村基本公共服务水平,有利于吸引物质、人力和社会资本流向农村,能有效推动城乡资源要素双向流动;同时农村集体经济组织成员享有集体资源要素继承权,这对避免贫富差距的代际传

---

① 宋晓梧:《新常态下完善社会保障体系的六大问题》,《社会科学报》2016 年 8 月 25 日。
② 蔡昉:《认识把握人口形势带来的机遇与挑战》,《经济日报》2021 年 5 月 21 日。
③ 王宾、杨霞:《如何理解贯彻〈乡村振兴促进法〉对农村集体经济组织的要求》,《中国农业会计》2021 年第 8 期。

递也有重要意义。①

苏南地区农村改革重构了市场运行的微观基础,使过去旧的集体经济内涵发生了较大变化,激活了集体经济组织的活力、动力、能力和效力。② 不过,虽然通过村级集体经济助力共同富裕的案例确实存在,但在全国层面上并不具有代表性,过去走传统集体化道路的典型地区到目前也日渐萎缩。③ 黄祖辉(2014)认为,传统农村集体经济存在很多制度缺陷,如无法解决农村资源配置效率和市场价值低、农民在市场竞争中处于不利地位等问题。④ 要走出这一困境,兼顾集体经济和农民市场主体发展,就必须不断创新具有中国特色的集体经济制度,分离农村集体组织的经济功能与社会功能,使组织封闭性向开放性转变,确保农民利益得到真正保障。周天勇(2020)进一步认为,在市场经济条件下全面集体经济这条路已走到尽头,从互助组、合作社到建立农村集体所有制都行不通,推进全国共同富裕不能通过全面集体经济的方式,未来还是要走真正的社会主义市场经济道路。⑤

我们曾经采取过平均主义政策,吃"大锅饭"的历史教训让我们深刻理解了什么叫"共同贫穷",因此邓小平同志提出:"在改革中,我们始终坚持两条根本原则,一是以社会主义公有制经济为主体,一是共同富裕。有计划地利用外资发展一部分个体经济,都是服从于发展社会主义经济这个总要求的。鼓励一部分地区、一部分人先富裕起来,也正是为了带动

---

① 崔超:《发展新型集体经济:全面推进乡村振兴的路径选择》,《马克思主义研究》2021年第2期。

② 刘志彪:《苏南新集体经济的崛起:途径、特征与发展方向》,《南京大学学报》2016年第3期。

③ 周天勇:《农村土地市场化改革拉动增长潜能大》,《经济参考报》2020年11月17日。

④ 黄祖辉:《没有集体经济,农村人居环境改善只能是"等靠要"》,《中国经济导报》2014年6月21日。

⑤ 周天勇:《农村土地市场化改革拉动增长潜能大》,《经济参考报》2020年11月17日。

越来越多的人富裕起来,达到共同富裕的目的。"①按照这个大的发展方向,总体上还是要反思传统集体主义的老路,毕竟历史经验和教训都已证明,传统集体经济无法从根本上解决预算软约束问题,无法解决组织决策中的信息不对称问题。在较小范围内优化一定的集体经济形式是可以的,但全国总体上不能回到集体经济的老路上去,还是要坚持中国特色社会主义市场经济的体制改革方向不动摇。② 要践行全体人民共同富裕,重点还是要按照现代产权制度要求,明晰集体权益归属,实现产权主体人格化,消除"名为集体所有、实为职工空有"的虚拟产权主体和模糊产权关系。③要继续优化市场竞争机制,完善法人治理结构和市场化经营机制,充分把人的积极性、创造性激发出来,走中国特色社会主义市场经济道路。

四、公共政策能否扭转不平等趋势

在全球化、数字化和技术进步背景下,资本具备自我累积和加速增长机制,资本回报率持续上升,资本所有者优势进一步扩大,使得收入差距居高不下,公共政策有效性明显下降。④ 皮凯蒂(2014)发现,资本回报率长期高于经济增长率,公共政策缺乏有效办法阻断这种趋势,由此不平等水平会不受约束地累积扩大。⑤ 尤其是美国以鼓励创新为导向的国家,虽然国家总体富裕程度较高,但居民共享富裕程度很低,由此带来很多制

① 《邓小平文选》第三卷,人民出版社1993年版,第142页。
② 周天勇:《中国:理想经济增长》,格致出版社2020年版,第68—69页。
③ 周放生:《集体企业改革的路径选择》,《上海国资》2005年第10期。
④ Piketty, T., Zucman G., "Capital is Back: Wealth-Income Ratios in Rich Countries 1970—2010", *Quarterly Journal of Economics*, 2014, Vol.129, No.3, pp.1255–1310.
⑤ Piketty, T., *Capital in the Twenty-First Century*, Cambridge, Massachusetts, Harvard University Press, 2014, pp.2–28.

度方面的教训。① 在这种背景下,欧美国家普遍出现一种悲观情绪,认为公共政策很难扭转资本强势并缩小收入差距。

作为调节收入分配的主要政策之一,过去我国财税政策通常能够解释收入分配调节效应的70%以上,因此这些政策工具也同样在共同富裕战略中扮演关键角色。② 不过由于我国税收仍存在较明显的结构性问题,对平抑一次分配差距的作用还相对有限,刘尚希(2021)认为,通过再分配环节的累进税来缩小贫富差距只能在短期内有效,从长期来看作用并不太大,促进长期共同富裕需要从起点公平、机会公平和规则公平入手,从人的发展能力和群体性发展起点差距的缩小入手,不能仅仅依赖于财税的调节作用。③ 张维迎(2011)认为,政府政策在缩小差距方面并不比市场化手段更为有效,不能想当然地以为高政府支出比重就一定会缩小收入差距;如果政府再分配过程中出现偏差,或被少部分利益群体所利用,那么公共支出成分反倒有可能扩大收入差距。④ 楼继伟(2021)认为,高质量推进共同富裕不能仅依靠财税力量,有效的宏观治理体系应综合财税、金融、货币等政策的协同情况。⑤

全球主要国家的市场化收入差距基尼系数很多都在0.5以上,但是经过政策再分配之后,主要国家可支配收入差距基尼系数会降到0.4以下,北欧国家甚至能降低到0.3以内。我国在2009—2016年收入差距缩小时期,也主要来自大规模的减贫战略和惠农政策。所以说,公共政策不但可以缩小收入差距水平,甚至还能扭转不平等发展趋势,故应该在公共政策方面

① Oxfam House, *Inequal Virus*, Cowley, Oxford University Press, Febuary, 2021, pp.7-10.
② 徐静、蔡萌、岳希明:《政府补贴的收入再分配效应》,《中国社会科学》2018年第10期。
③ 刘尚希:《"十四五"税制改革的整体思考》,《中国财经报》2021年6月1日。
④ 张维迎:《市场的逻辑与中国的变革》,《探索与争鸣》2011年第2期。
⑤ 楼继伟:《面向2035的财政改革与发展》,《财政研究》2021年第1期。

继续发力。在科技革命尤其是人工智能的影响下,对普通劳动者的共享冲击较大,因此近年来全球主要国家都在增加公共支出,甚至连主张私有化、政府小型化的美国,最近也开始要提高政府所得比重,由此具有更强力量去调节市场失灵。我国始终保持相对稳定的政府所得比重,坚持较高的政府再分配调节能力,坚持对资本的必要管制,使资本回报率总体没有超过经济增长率[1],这成为维护劳动者基本权益和促进共同富裕的重要屏障,这是我们在促进共同富裕方面上所具有的制度性优势。

五、关于远景目标设定的若干观点

党的十九届五中全会提出到 2050 年也才基本实现共同富裕,故共同富裕是一个长期目标,不可能在短时间内就能完全实现。从结果导向和目标过程角度看,究竟何为完全共同富裕还存在讨论空间,远景目标如何把结果与过程导向结合起来也有讨论的必要性。党中央的远景目标规划体现了过程共享性和时间渐进性,若过早谈结果均等所有,则容易走向计划经济时期的平均主义,其结果可能是共同贫穷。因此,无论是历史教训还是现实要求,都要求在过程共享中逐步推进共同富裕。共同富裕不仅是目标也更是过程,是增进全体人民不断共享的过程,是在结果导向中螺旋式实现共享的过程。[2]

在中央层面已经明确了共同富裕远景目标的定性内涵,然而暂时没有具体的定量表述。秦刚(2021)在提出方向指标的基础上,设定了共同富裕远景目标的具体数量值,包括中等收入群体占到 80% 左右,城乡差距基本消除,区域发展各具特色并保持均衡,收入基尼系数控制在 0.35

---

① Knight J. , Li S. , Wan H. , "Why has China's Inequality of Household Wealth Risen Rapidly in the Twenty-First Century?", *Review of Income and Wealth*, March 2, 2021, pp.1-30.

② 姬旭辉:《从"共同富裕"到"全面小康"》,《当代经济研究》2020 年第 9 期。

左右。[1] 李实(2020)提出,共同富裕目标应设定个体都要达到的最低富裕标准,使收入和财富差距要明显缩小,基本消除不合理收入和财富差距,实现公共服务均等化。[2] 王继源(2021)也从经济增长、收入水平、人民群众认同感、城乡区域和收入分配格局等方面,提出到 2025 年和 2035年共同富裕的阶段性目标,并设置了具体的目标值。[3]

应该说,实现远景目标需要设定阶段性目标来加以辅助,但上面提到的目标层次并没有扎实的论证基础,为什么设定到这个值还存在讨论空间,尤其是从历史和现实、国际和国内、结果和过程等视角来论证的并不充分。而且上述目标都是结果方面的综合指标,在实践中是否还应增设过程指标也存在不同观点,比如教育水平和质量共享性、空气质量为优良的天数、农村宽带接入率等,哪些指标应纳入远景目标范畴也存在模糊地带。从政策制定和实际操作角度看,更加清晰具体的共同富裕远景目标,既是政策能否成功的基本前提,也是推进共同富裕工作的重大基础性问题,目前还需要进一步讨论明确。

第二节　重要战略制度评述

一、城乡融合发展带动农民共同富裕

习近平总书记提出,"促进共同富裕,最艰巨最繁重的任务仍然在农

---

① 秦刚:《实现共同富裕:中国特色社会主义的实践探索和历史进程》,《人民论坛·学术前沿》2021 年第 7 期。
② 李实:《从全面小康走向共同富裕的着力点》,《中国党政干部论坛》2020 年第 2 期。
③ 王继源:《推动共同富裕的主要思路与时代愿景》,《中国发展观察》2021 年第 12 期。

村"。① 我国目前推进共同富裕的最大挑战之一,就是农民收入相对偏低、城乡发展差距较大。叶兴庆(2021)认为,我国迈入全面建设社会主义现代化国家的新征程,农村问题是关键、农村发展是"短板",需要着重关注农村和农民问题,缩小城乡差距并推进共同富裕。② 魏后凯(2021)指出,农村现代化是中国现代化的关键难点所在,农村现代化滞后已成为制约现代化进程的突出"短板"和薄弱环节,解决城乡区域不协调和促进共同富裕的关键也在农村。③

如何进一步缩小城乡发展差距,可以有不同的发展战略和方向路径,一种办法是就农村而解决农村的问题,另一种办法是通过发展城市带动农村,以城乡融合的办法来解决农村问题。陈宗胜和杨希雷(2021)认为,在迈向共同富裕的进程中,城乡差距的解决出路根本上还在于城市,加快城镇化是减少农村低收入人口的根本方向,增加中等收入群体的最有效途径是市民化,最重要方式是改革城市现有户籍制度,促进城乡要素自由流动,使农村低收入人口享有与城镇市民同样的待遇。④ 所以说,虽然共同富裕的主要"短板"在农村,但扎实推进共同富裕的主要出路还是在城市,需要走城乡协调发展道路,让更多农村居民在城市化过程中实现共享富裕。

城镇化是社会发展的必然规律,也是乡村振兴的重要组成部分,我们不能就乡村去解决乡村问题,而是应顺应经济规律,推动农民工实现高质量市民化。应该说,人类文明的出路在于城市,扎实推进共同富裕的根本

---

① 习近平:《扎实推动共同富裕》,《求是》2021年第20期。
② 叶兴庆:《迈向2035年的中国乡村:愿景、挑战与策略》,《管理世界》2021年第4期。
③ 魏后凯:《加快推进农业农村现代化:"三农"专家深度解读中共中央一号文件精神》,《中国农村经济》2021年第4期。
④ 陈宗胜、杨希雷:《缩小城乡差别是"十四五"时期社会发展的关键任务》,《中国经济评论》2021年第1期。

方向也在于城市化。近代以来,各国城市化进程不断加快,现在世界上大部分人口生活在城市地区,尤其是高密度城市。人类在很长一段时间内,还将依赖城市推动经济发展和生活水平提高,目前经济发展成果也越来越向城市倾斜。因此,实现共同富裕目标的重要途径,还是要通过新型城镇化带动农村发展,注重城市发展和乡村振兴相结合,通过城市化来统筹城乡区域的同步协调发展。

二、土地制度改革是共同富裕的基础性政策

土地是农民就业和稳定增收的关键,土地制度改革对城市化、农业现代化都至关重要。周天勇(2020)认为,经济增长的最大潜能来自农村土地市场化改革,城乡共同富裕的关键是农村土地宅院等资产财富化,让农民拥有不动产财富,其中土地市场化改革是重要手段。[1] 王大伟等(2021)也认为,农村土地制度改革可以放开农村土地经营权,促进土地流转,使农民财产权利得以实现,使城乡一体化融合发展,并推动共同富裕。[2] 蔡继明(2021)认为,农村集体建设用地上市,能使农民更直接从城市或工业发展中分享财富,缩小城乡"剪刀差"。[3] 农村土地要素市场化配置,让土地从生活和生产资料变成资产,让农民从劳动者变成有产者、让农村居民拥有土地财产,是实现共同富裕的最关键改革。[4]

不过陈锡文(2021)对农村宅基地制度改革持相反观点,他认为若抛

---

[1] 周天勇:《农村土地市场化改革拉动增长潜能大》,《经济参考报》2020年11月17日。
[2] 王大伟、孔翠芳、徐勤贤:《中国百年城乡关系:从农村包围城市到城乡融合发展——正确处理城乡关系是中国共产党的重要制胜法宝》,《区域经济评论》2021年第31期。
[3] 蔡继明:《城乡融合是解决发展不平衡不充分的必由之路》,《中国经济时报》2021年7月20日。
[4] 周天勇:《农村土地市场化改革拉动增长潜能大》,《经济参考报》2020年11月17日。

弃宅基地制度的基本规则,以市场机制来取代法定成员权利,其结果必然是侵犯组织成员的合法权利,甚至逐步动摇和瓦解农村集体经济组织本身,因此农村宅基地制度的性质不应被改变。农村住房具有保障性住房的属性,它们不能无限制地进入市场自由交易,否则就会造成经济秩序和社会财产关系混乱,因此不能让农村土地上市交易。[①] 而且完全实行农村土地私有化,容易动摇国家对农村的根本性制度,容易发生两极分化。而且农村必须确保粮食和重要农产品供给,乡村承担着为国家提供生态屏障和生态产品功能,还承担国家、民族或地域传统文化的传承功能,因此乡村的三个主要功能也决定了土地不应该市场化。[②]

在当前现实中,制约我国共同富裕的最大"短板"是城乡差距问题,农民和农民工收入长期较低。农民收入最大的潜在增长来源就是土地要素,因此最重要的方向就是要盘活农村土地资产。农民进城从事非农生产后,需要集中农村土地,给农民更多处置土地自主权,以吸引并支持新型职业农民,并补齐现代农业发展"短板"。农民收入的重要增长点是城乡接合部,他们土地资产具有较大市场价值,这需要推进宅基地流转和置换方式创新,推动农村土地资源变资产,加速农村土地通过市场方式变现财产性收入,让农民合理分享到土地升值收益。土地是农村居民的最重要财产类型,也是助推农民增收和共同富裕的最大潜在来源,要以更大决心推动土地制度改革破冰,促进城乡要素市场双向流动,助推农民与全国居民一起实现共同富裕。

三、区域非均衡发展战略不利于共享发展

区域经济协调发展,是实现共同富裕战略的重要支撑。过去我们鼓

---

① 陈锡文:《乡村振兴要发挥乡村特有的功能》,《乡村振兴》2021 年第 1 期。
② 陈锡文:《乡村振兴要发挥乡村特有的功能》,《乡村振兴》2021 年第 1 期。

励支持沿海地区先行发展,进而带动内地发展,这种非均衡的梯度发展战略使经济迅速增长,但也带来明显的东部、中部、西部不平衡现象。当前中国区域发展具有东部和西部发展差距明显、南方与北方发展不平衡等特点。覃成林和杨霞(2017)发现,先富地区通过经济增长的空间外溢作用有限,先富地区的溢出效应总体看并不明显,甚至在局部还扩大了地区间差距①,所以城市群战略助力总体富裕的作用较大,对共享富裕的改善作用则并不明显,尤其是我国各大区域之间的联系还有待提升,区域重大战略之间的协同性还不够高,实现区域间共同富裕还需要新的更大突破。

在市场经济法则下,产品要素可以在全国范围内自由配置。在人口自由流动情况下,经济发展不好地区的人才明显流出,这就可能导致区域不平衡发展的循环,出现"虹吸效应"而不是"溢出效应"的后果。近年来,长三角、珠三角人口不断流入,成为中国经济最活跃的地区,而东北地区人口持续流出、经济增长活力不足,由此南北地区差距是扩大而不是在缩小。② 孙久文和张皓(2021)认为,南北差距扩大与区域经济政策相关,如改革开放初期5个经济特区、14个沿海开放城市主要集中在南方③,若区域政策资源越向东南地区倾斜,则西北部地区就越得不到政策支持,由此地区间发展差距可能会越发明显。总体来看,现在调节城乡差距的政策工具较多,但缩小区域差距的政策手段则相对较少。随着全国市场一体化推进,按市场规律西北地区人口会向东南地区流动,财政越补贴则欠

---

① 覃成林、杨霞:《先富地区带动了其他地区共同富裕吗——基于空间外溢效应的分析》,《中国工业经济》2017年第10期。

② 许宪春:《中国南北平衡发展差距研究——基于"中国平衡发展指数"的综合分析》,《中国工业经济》2021年第2期;盛来运等:《我国经济发展南北差距扩大的原因分析》,《管理世界》2018年第9期。

③ 孙久文、张皓:《新发展格局下中国区域差距演变与协调发展研究》,《经济学家》2021年第7期。

发达地区越没有发展动力,所以就可能难以形成先富地区带后富地区的结果。[①]

四、数字化对共同富裕的双向影响

数字化是提升经济效率和促进经济增长的良好手段,但数字化本身是否会提升全体人民的共享发展程度,还存在不同的研究结论。一般认为,数字化是推进总体富裕的重要手段,数字产业化和产业数字化的联动发展,为经济提供了高度发展的生产力土壤。[②] 郁建兴和吴结兵(2021)提出,推动共同富裕建设的重要抓手是数字化改革,通过数字经济引领现代产业体系,通过数字化改革打造创新驱动模式,加快总体富裕进程。[③] 同时也有观点提出,数字技术也可以化解城乡、区域不平衡不充分问题,是探索共享富裕的一条新路径。[④]

但数字科技的发展难免会造成数字鸿沟,这容易造成新的贫富差距,因此要强化教育、科技发展的公平性,加快数字技术的普及和运用。[⑤] 科学技术日新月异,数字化容易带来垄断行为和资本无序扩张,影响市场经济健康发展和公平竞争,也容易导致资源流动失衡、贫富差距扩大[⑥],数字化还会带来不同技能回报差异、引致岗位极化。值得注意的是,数字

---

① 万海远、陈基平、王盈斐:《中国南北工资差距的新变化及市场化成因》,《中国人口科学》2021 年第 4 期。

② 肖淙文:《数字乡村建设为共同富裕注入新动能》,《浙江日报》2021 年 5 月 23 日。

③ 郁建兴、吴结兵:《数字化改革赋能未来社区治理》,《浙江经济》2021 年第 6 期。

④ 肖淙文:《数字乡村建设为共同富裕注入新动能》,《浙江日报》2021 年 5 月 23 日。

⑤ 何宗樾、张勋、万广华:《数字金融、数字鸿沟与多维贫困》,《统计研究》2020 年第 10 期。

⑥ 邵培仁、张健康:《关于跨越中国数字鸿沟的思考与对策》,《浙江大学学报(人文社会科学版)》2003 年第 1 期。

化、信息化是西方收入差距扩大的重要来源,数字化背后本质上是资本化,近年来欧美主要国家的资本要素在强势回归,财富代际传递明显上升。① 资本回报率上升很容易引致财富快速集中,现实中我国省际间数字经济发展水平差距较大,存在一定的"数字鸿沟"和"马太效应"。②

习近平总书记提出,"新一轮科技革命和产业变革有力推动了经济发展,也对就业和收入分配带来深刻影响,包括一些负面影响"。③ 数字化容易带来创造性破坏,对低收入者的负面影响较大,会带来不同群体获取数字利益的结果差异。④ 近年来,随着数字经济的迅猛发展,平台企业快速崛起,它们通过数据资产积累财富并迅速实现市场集中,由此引发了对平台寡头可能阻碍良性竞争的担忧。数字化可能会影响劳动力市场,带来结构性失业,所以数字经济在促进总体富裕的同时,还必须加强对个体能力的发展与提升。我们要吸取西方国家在产业升级和产业转移过程中的教训,防止数字化带来产业空心化,强化数字反垄断措施,促进数字化服务实体经济,防止因失业导致相对贫困人口增加、贫富差距扩大。

五、质量提升才是共同富裕的关键制约

目前中国经济从粗放式发展逐渐走向高质量发展,在全面实现小康社会的基础上,我们已走过了数量扩张的发展阶段,需要全方位提升效率和质量。以义务教育为例,目前各省份毛入学率已经很高,各级教育普及

① Piketty T.,Zucman G.,"Capital is Back:Wealth-income Ratios in Rich Countries 1970—2010",*Quarterly Journal of Economics*,Vol.129,No.3,2014,pp.1255-1310.
② 焦帅涛、孙秋碧:《我国数字经济发展测度及其影响因素研究》,《调研世界》2021年第7期。
③ 习近平:《扎实推动共同富裕》,《求是》2021年第20期。
④ 王丹丹、单志广、唐斯斯:《我国产业数字化的"五大风险"和"五大对策"》,《中国经贸导刊》2021年第1期。

率或入学率在95%以上,再进一步优化的空间不大,真正需要提升的是教育质量和缩小地区间投入差异;再如,基本医疗保障制度覆盖面已超过10亿人,因此在覆盖率方面的努力空间并不大,真正制约社会保险或公共服务的方面,最大之处还在于覆盖质量和保障力度。

政策可及性是居民共享社会发展成果的底线,这对于减少突发风险、保障基本生活作用较大,是共同富裕的最起码组成部分。[①] 不过在推进方向上,共同富裕不仅要关注社会保障的数量特征,更要强调社保提供的质量效率。尽管社会保障可以满足人民基本生活需要,但不能再以覆盖率增长来衡量社会保障的改革进程,而是应不断提升新的更高质量标准。[②] 总的来看,仅通过社会保障是难以实现高标准共同富裕,只有通过经济不断地增长并辅之以再分配手段,才能不断推进共同富裕。

应该说,质量提升而不是数量增加才是我国共同富裕的关键制约,这涉及物质福利、基本公共服务、人的发展和精神文明等各方面。尽管我国各方面制度体系覆盖广泛,但当前提供水平还相对较低,城乡区域和不同人群间差距还比较大。我国总体上已走过了制度可及性阶段,而过渡到水平富裕性和差异共享性阶段。在"病有所医"总体上基本实现后,就应当转向"病有良医"的新目标,从"老有所养"转向"老有宜养",从"学有所教"转向"学有优教",从"住有所居"转向"住有宜居"。[③] 因此,下一步在不断巩固制度覆盖范围的同时,要更加注重政策制度的质量提升,这才是我国推进共同富裕的关键制约。

---

① 蒋永穆、谢强:《扎实推动共同富裕:逻辑理路与实现路径》,《经济纵横》2021年第4期。
② 郑功成:《面向2035年的中国特色社会保障体系建设——基于目标导向的理论思考与政策建议》,《社会保障评论》2021年第1期。
③ 金维刚:《社会保险从广覆盖向全覆盖转变》,《经济日报》2021年6月30日。

第三节　主要政策手段分析

一、不是农民工问题而是市民化问题

当前我国有规模庞大的农民工群体,他们有很大的收入和消费增长潜力,因此提高农民工收入是推动共同富裕的重要途径。[①] 蔡昉(2021)认为,农民工是城乡融合发展的重要推手,农民工不仅促进了城市经济发展,对农村的发展也大有助益,因此要大力提高农民工收入,扩大农民工的中等收入群体比重,从而更好推进共同富裕。[②]

而宋晓梧(2021)认为,未来推进共同富裕的政策关键,不仅是如何提升农民工收入的问题,而更是要从根本上消除农民工问题,真正的核心在于从制度方面实行完全的市民化。[③] 在推动共同富裕进程中,最重要的是健全农业转移人口市民化长效机制,真正加快农民工市民化进程,让农民和农民工平等参与现代化进程、共享现代化建设成果。[④] 胡祖才(2021)认为,加快城镇化进程、缩小城乡收入差距,重点在于加快农业转移人口市民化,提高市民化质量,推动农业转移人口在城镇安居就业。[⑤]

要推进全体人民共同富裕,就应该是城乡、区域、行业等全方面实现协调发展,建立与共同富裕相适应的一套社会政策体系。尤其是实现人

[①] 歆远:《推动共同富裕应重点关注农民工群体》,《第一财经日报》2021 年 3 月 11 日。
[②] 蔡昉:《扩大中等收入群体面向的重点人群》,《北京日报》2021 年 2 月 1 日。
[③] 宋晓梧:《深化收入分配改革,促进国内经济循环》,《经济与管理研究》2021 年第 2 期。
[④] 贾若祥:《共同富裕的内涵特征和推进重点》,《中国发展观察》2021 年第 12 期。
[⑤] 胡祖才:《推进以人为核心的新型城镇化》,《旗帜》2021 年第 1 期。

的发展能力过程和结果共享等全方位的包容发展,就不应该存在显著的城乡区域分割,更不应出现二元结构下的农民工问题。未来政策的核心不是农民工收入提升问题,而应是高质量推进市民化的制度保障问题,下一步要继续推动市民化进程,通过构建大中小城市协调发展格局,促进更多农村居民实现就近城镇化。要继续深化户籍制度改革,以常住人口为标准统一财政责任义务,保障常住人口的教育、住房等权利,消除不同居民之间的基本公共服务差异。

二、社会保障的构建原则要调整明确

在推进共同富裕过程中,社会保障能起到基础性的底线保障作用。为满足更多的民生保障需求,就必须建立以共享为特征的社会保障模式,共享型社会保障首先要求全体居民社会保障均等化,实现社保权益共享。[①] 郑功成(2021)提出,社会保障要以共建共享为基本准则,支持家庭成员担负责任,激发市场主体或社会力量提供非基本保障的积极性,坚持福利增长应与财力增长相适应,使社会保障实现全民共享、全面共享。[②] 但杨良初(2020)认为,要厘清政府、市场和社会的边界,要形成公私互济的保障模式,推动私人间的社会自救和互济。[③] 郑秉文(2019)进一步提出,社会保障制度不能过度强调共享性或福利性,而是应该强调互济性为基础的社会保险特征。[④]

[①]　席恒:《融入与共享:新业态从业人员社会保险实现路径》,《社会科学》2021年第6期。

[②]　郑功成:《面向2035年的中国特色社会保障体系建设——基于目标导向的理论思考与政策建议》,《社会保障评论》2021年第1期。

[③]　杨良初:《社会保险制度可持续性研究的几个问题》,《财政科学》2020年第5期。

[④]　郑秉文:《多点试错与顶层设计:中国社保改革的基本取向和原则》,《中国经济报告》2019年第2期。

郑功成等(2021)认为,过去社会保障的定位是风险保障,主要强调的是基本保障,这已经不适应共同富裕、高质量发展的新要求,其内涵、外延、目标定位都需要发生变化,因此当前社会保障需要更高的目标定位。① 宋晓梧和王新梅(2020)认为,社保制度的二次分配属性不能弱化,如果漠视社保制度的二次分配性质,不明确提升社保制度的公平共济作用,单纯强调多缴多得的激励作用,这显然有悖于共同富裕的宗旨。近年来,我国基本社会保障项目产生逆向再分配效应,不利于城乡区域和人群间均衡发展,所以社会保障的基本定位应适当调整,社保体系的构建原则应更多强调共享性,而不是互济性。②

总体来看,欠发达地区的经济发展水平较低、基本公共服务水平和人的发展能力等还存在较大差距,总体上这些地区还处在可及性提升和补"短板"的发展阶段,因此社会保障是促进它们走向共同富裕的底线保障。尤其是当前我国社会保障对改善全社会收入分配状况的贡献还不够大,社会保障尤其是第一支柱要侧重共享性而不是互济性,要全力推进基本保障制度政策统一,严格控制并缩小不同群体间的待遇差距。在强调不同群体适度保障的基础上,保障社会成员的基本生存和发展权利,保证共同富裕的最底线标准,同时也要避免陷入福利依赖,并区分不同层次社会保障制度的功能搭配。

三、以均衡财政资源促进基本公共服务均等化

影响基本公共服务均等化的不仅是自然资源分布不均衡,而且还有

---

① 郑功成等:《从战略高度完善我国社会保障体系——学习习近平总书记关于完善社保体系重要讲话精神》,《社会保障评论》2021 年第 2 期。
② 宋晓梅、王新梅:《职工基本养老保险个人账户占比不宜提高——与周小川先生商榷》,《社会保障评论》2000 年第 3 期。

财政资源配置不均衡。未来要高标准促进基本公共服务均等化,建议财政资源配置要跟随区域发展和人的流动趋势。李景治(2021)认为,共同富裕的一个重要目标就是实现基本公共服务均等化,推进共同富裕既要做到其他资源配置均等化,也要做到财政资源分布均衡化。① 高培勇(2021)认为,要保证经济正常运转,实现国家发展战略目标,其前提就是要优化财政资源配置。②

考虑到市场经济部门是以市场化规则来配置资源,政府不能用行政手段去直接干预。不过对于政府提供的基本公共服务、对于有财政配套的基本公共服务人员,政策上还是可以有较大调节空间。欧晓理(2020)认为,加强基本公共服务保障能力建设,很重要的方面是基层公共服务队伍的数量和质量,特别是要调动社会力量参与基本公共服务供给的积极性,优化编制资源配置结构,不断壮大基层公共服务队伍,实现政府财政资源配置均衡化。③

考虑到市场化因素的不可控性,政府要充分利用自身优势,先从最容易的开始做起,以人为核心来带动物质资源和生产要素的重新分配。通过人员流动带动优质公共服务流动,并促进财政资源横向转移。由于基层公共服务主体是发展与共享的关键,可以从政府部门的公共服务人员配置为起点,完善基层公共服务人员工资待遇、医疗养老保障等激励政策,健全技能培训机制,引导政府财力向西部偏远农村地区配置。通过财政资源均衡配置到相应人口上,由此带动促进基本公共服务均等化。

---

① 李景治:《共同富裕是中国特色社会主义现代化建设的根本奋斗目标》,《党政研究》2021年第1期。

② 高培勇:《中国政府与市场之间关系的重大变化》,《企业管理》2021年第7期。

③ 欧晓理:《健全基本公共服务体系　完善共建共治共享的社会治理制度　扎实推动共同富裕》,《社会治理》2020年第12期。

四、尽快征收资本财产存量和交易税

在全球性资本回报率上升的背景下,我国收入差距可能会在较长时期保持较高水平,因此重要挑战是如何平衡资本的创造力和破坏力,并增加资本对其他生产要素的分享程度。由于财产具有瞬时转化变形的特征,背后的资本形态也具有无限流动和自由配置的特点,因此全球范围内对资本或财富存量的调节并没有太好办法,可用的政策工具也相对较少。[①]

朱青(2021)认为,资本利得税缺失是我国收入差距拉大的重要原因。[②] 通过对投资、炒股等方式获得额外财富的税务征收,既可以适当降低财富的过度积累,又可以将其投入于基本公共服务中,从而提升中低收入群体的生活水平。宋晓梧(2021)提出,要提高直接税比重,发挥税收平抑贫富差距的作用,建议在“十四五”期间研究推出房地产税,针对高收入多套住房家庭设计累进调节机制。[③] 贾康等(2018)也认为,实现“先富帮后富”的重要手段就是推出遗产和赠与税,激励富豪将部分财产捐出去做慈善和公益,从而在一定程度上缩小贫富差距。[④] 而李迅雷(2020)提出,由于难以评估新税对资本市场和房地产市场带来的冲击,当前实际上难以推出房地产税和资本利得税。[⑤] 刘尚希(2021)也提出,尽管对劳动降税、对资本加税有利于缩小分配差距,但资本是充分流动

① Zucman G., *The Hidden Wealth of Nations*, University of Chicago Press, 2015, pp.131-164.
② 朱青:《论“新发展格局”下的财税改革》,《财贸经济》2021 年第 5 期。
③ 宋晓梧:《深化收入分配改革,促进国内经济循环》,《经济与管理研究》2021 年第 2 期。
④ 贾康、程瑜、于长革:《优化收入分配的认知框架、思路、原则与建议》,《财贸经济》2018 年第 2 期。
⑤ 李迅雷:《迈向共同富裕共识下的投资思考》,《房地产导刊》2020 年第 12 期。

的,对资本重税可能会引起资本外流,因此如何权衡劳动和资本的税负,何时开始征收资本所得税还需要深入研究。[①]

在依法治国的背景下,我们鼓励资本获得合法合理收益,提倡私营资本扩大再生产并获得利润,对用于扩大再生产的资本增值部分要少征免征税收,但对于用于奢侈消费或形成财产过度传递的部分要课征部分累进税。在新时期推进共同富裕,不是要简单的劫富济贫,不是简单的财富再转移,不是要限制私有资本,而是通过合理合法的政策工具来优化分配结构,并平衡劳动和资本关系。在新发展阶段,需要进一步完善直接税制度,扩大综合征收范围,降低劳务所得最高边际税率,加大对财产存量的调节力度,重点对财产存量的代际传递进行适当调节,引导财富精英进行自愿捐赠,并更多投向实业和科技创新。需要尽快补充资本交易税,加强对资本利得和财产交易征收,强化财产转让、财产租赁、利息股息红利、偶然所得等非劳动所得的征缴,从而最大限度地提升共同富裕水平。

五、要稳定而不是快速降低制造业比重

近年来国内关于产业结构转型升级的讨论很多,如主张要高精尖高科技产业而不要普通劳动密集型制造业的看法就不少,也有观点认为要遵循"农业占比下降、制造业占比下降、服务业占比增长"的结构比例来加速演化。张峰(2020)认为,进入新发展阶段要切实转变发展方式,要从主要依靠传统产业转向依靠战略性新兴产业,从主要依靠简单劳动、扩大投资转向依靠创新驱动,从主要依靠制造业转向更多依靠

---

① 刘尚希:《"十四五"税制改革的整体思考》,《中国财经报》2021 年 6 月 1 日。

现代服务业。[1]

不过中国人口数量多，就业压力持续较大，如果没有强大的制造业作支撑，对于居民就业、生活改善和国家富强都不利。劳动致富是社会主义的基本属性，劳动报酬也是居民收入的主体来源，因此，稳定的就业和劳动收入增长是共同富裕的基本前提。龚六堂（2020）提出，近年来第二产业占比过快下降对共同富裕造成负面影响，建议要防止制造业过快下降，保持第二产业占比维持在一定水平之上，要通过制造业高质量发展来带动从业人员增收，并进一步缩小收入差距。[2] 洪大用（2021）也提出，要考虑产业结构脱实向虚带来的风险，不能简单过快降低制造业比重。[3] 郭斯兰（2021）提出，需要进一步建设先进制造业基地，培育一批世界级先进制造业集群，持续提升实体经济质量，夯实共同富裕的经济基石。[4]

就业是居民收入的来源，也是宏观经济增长的动力，做强产业和促进就业是共同富裕的根本基础。实际上各国产业结构中新兴产业占比相对较低，做大产业新动能是一方面，但更主要的还是要和传统产业相融合，以新动能带动传统产业增长。近几年，我国经济增速下行很重要的原因是传统产业下行，而新兴产业难以弥补。以人工智能为代表的新兴产业导致资源向少数人集中，低收入者的发展机会在下降。在"十四五"时期要坚持就业是最大民生的原则，以产业结构优化带动更多劳动就业，想办法稳定制造业和居民服务类产业比重，以产业兴旺带动就业人员致富增

---

[1] 张峰：《共同富裕取得更为明显的实质性进展：新的庄严承诺》，《人民论坛·学术前沿》2020年第24期；韩永文：《构建供给结构与需求结构动态性相适应的长效机制》，《全球化》2017年第10期。

[2] 龚六堂：《缩小居民收入差距推进共同富裕的若干政策建议》，《国家治理》2020年第46期。

[3] 洪大用：《扎实推动新时代共同富裕的新议题》，《社会治理》2021年第2期。

[4] 郭斯兰：《找准省域层面推动共同富裕的着力点和突破口》，《浙江经济》2021年第5期。

收,并进一步提升共同富裕程度。

六、确定各省共同富裕的阶段性定位

推进共同富裕是一个渐进式过程,是从低向高的延递跃进,是从可及性到富裕性再到共享性的不断发展过程。我们强调共同富裕不是平均主义,所有地区同时、同步、同等实现实现共同富裕也不现实,一定会有时序和区域间差异。因此要尊重经济社会发展规律,从可及性、富裕性和共享性出发不断提高标准,从而探索出具有中国特色的共同富裕路径。

按照中央关于全国"一盘棋"的要求,推进共同富裕不能分省来单独推进,这需要根据具体情况来判断每个地区的总体发展阶段。对于浙江省、北京市等人均富裕水平较高的地区,现在谈共享问题可能是合适的,但对中西部地区就不能过早谈其内部的完全共享问题,否则就容易回到过去的共同贫穷。另外,共同富裕包括组内和组间差距,既有各省份内部的共同富裕问题,同时也存在各省份之间的共享发展差距问题。要把全国统一的共同富裕远景目标分解到各个省去落实,就必须要注意省份之间的差异性问题,各省份既要瞄准省内的共享问题,也要注意到与其他各省份的发展差距与共享问题。

不同省份在推进共同富裕中所处的发展阶段很不一样,因此主要任务、政策措施在不同省份也应有所差别。从共同富裕的可及性、富裕性和共享性这三个标准看,云南省、甘肃省等可能还处在可及性阶段,而北京市、浙江省可能已超过富裕性阶段并对共享性提出更高要求。欠发达地区还存在较大差距,还处在可及性和补"短板"的发展阶段,因此短期内不能过早过度谈共享问题,最大的政策任务是经济增长并提升政策覆盖率。对于发达省份,由于社会保障基本实现全覆盖,各方面基本公共服务比较健全,物质富裕也达到较高水平,因此这些省份已超越了总体物质和公共服务的可及性和富裕性阶段,而过渡到谈精神富裕和物质富裕的共享层面,所以其功能定位主要是追求高水平的共享,当然这既包括省内的居民共享,也包括对其他欠发达省份的对口支援。

第四节 关键政策工具讨论

一、更加侧重人的早期全面发展

习近平总书记强调,"促进共同富裕与促进人的全面发展是高度统一的"。[①] 当前推进共同富裕的主要"短板"还是收入差距较大,这不仅是收入结果的差距,而且还包括机会和能力的差距,因此缩小能力差异是实现共同富裕的基础。李实(2020)认为,贫富差距的重要原因是发展能力和人力资本积累差异,推进人力资本积累公平性和均等化是缩小差距的重要途径。[②] 从公平与效率、发展与共享的替代关系来看,推进共同富裕的关键是要找到两者兼容性政策,其中儿童早期发展既能促进发展还能提升共享程度。从人的发展早期进行干预,是体现初期能力禀赋提升和后期结果干预的高度结合,是推进共同富裕的根本兼容性政策。

真正影响未来共同富裕的实现程度,还是要看人的早期发展指标。共同富裕的目标要求不应仅聚焦于经济数量,而应回归到人本身,以人的全面发展进步来衡量。这就要求更加注重包含智力、健康、品质、素

[①] 习近平:《扎实推动共同富裕》,《求是》2021 年第 20 期。

[②] 李实:《从全面小康走向共同富裕的着力点》,《中国党政干部论坛》2020 年第 2 期。

养等全方位的发展,实现人的自主与精神富足。[1] 李稻葵(2021)提出,我们要避免西方国家过多聚焦收入分配而忽略人的全面发展的道路陷阱,走出一条与社会发展相匹配、更加关注人的全面发展的共同富裕之路。

在已进入劳动力市场后,劳动者的教育、能力、健康等存量水平结构是相对稳定的,短时间内很难根本改变城乡区域间的能力差异,政策调节效果也比较有限。赫克曼(James Heckman)的早期投资理论已经证明,0—3 岁儿童人力资本投资是回报率最高的阶段,并远高于对成年劳动者的投资回报。[2] 因此,面向 2050 年的共同富裕目标,关于人的全面发展的公共政策才是根本性方向,这需要进一步推进教育质量提升和均等化,缩小个体间发展能力差异,使新一代劳动者具备符合时代要求的就业和创业能力。从国家战略角度看,应把主要措施前置到儿童早期发展上来,这也是各国坚持把儿童作为国家未来的根本原因。

二、多维与单维指标体系的取舍侧重

新时代扎实推进全体人民共同富裕,必须有科学可行的指标体系作为依据。共同富裕是一个综合性问题,单个指标的加总并不能直观反映共同富裕具体进展,应该采用综合性的评价方式。从政策进程监测角度看,使用共同富裕的多维过程导向指标要更加直接,可观性也显著更好。如陈宗胜和杨希雷(2021)认为,实现共同富裕涉及多个维度的指标,如

---

[1]　王若磊:《完整准确全面理解共同富裕内涵与要求》,《人民论坛·学术前沿》2021 年第 6 期。

[2]　Heckman J., "Policies to Foster Human Capital", *Research in Economics*, Vol. 54, No. 1, 2000, pp. 3–56.

反映经济富裕、收入成果共享、生活质量和人本发展指标等。[①]

然而,过多指标进入结构函数中,会导致指标之间具有复杂的关系,指标越多则这些关系就越复杂,甚至最终结果可能会违背现实逻辑。从务实角度看,指标选取应考虑数据可得性、结果可比性和可操作性,要考虑指标易识别程度、逻辑清晰程度,并能通俗易懂地反映问题的最主要方面。[②] 孙久文等(2021)认为,乡村振兴战略重点关注农村居民收入中位数60%以下人口的收入增长问题[③],其收入相对于社会平均水平溢价应成为共同富裕的核心指标。从结果导向角度看,推进共同富裕要着重强调某个方面,而不是多个方面齐头并进。如世界银行建议使用共享繁荣指标,它关注处于收入分布底层40%人口的收入增长情况。[④]

从可视性角度看,选择单维结果指标可能比多维过程指标更好,而且单一指标也容易聚焦问题的最主要方面,如使用共享繁荣指标或经人均GDP调整后的不平等指数,作为共同富裕的衡量指标。不过只得到最终共同富裕的结果指标是不够的,关键是要分析具体政策措施的作用及其贡献,并为下一步继续推进共同富裕提供参考。从统计研究角度看,可以对单维结果进行多方面的指标分解,可以分析政策措施的相关影响,只是这种诊断或分析的直观性并不太好。因此,在结果导向的基础上,也要构建以过程导向为核心的多维评价体系,从而充分结合两者的优势。

---

① 陈宗胜、杨希雷:《扎实推进全体人民共同富裕》,《中国社会科学报》2021年6月29日。

② 万海远、陈基平:《共同富裕的理论内涵与方法应用》,《财贸经济》2021年第12期。

③ 孙久文、李方方、张静:《巩固拓展脱贫攻坚成果 加快落后地区乡村振兴》,《西北师范大学学报(社会科学版)》2021年第3期。

④ 檀学文:《走向共同富裕的解决相对贫困思路研究》,《中国农村经济》2020年第6期。

三、基尼系数指标的适应性讨论

关于基尼系数在中国适用性的讨论由来已久,在推进共同富裕的大环境下又引起新一轮的讨论。相关的反对观点包括:基尼系数指标不能真实反映中国的现实情况,不能反映收入分配的质量和居民获得感情况,难以解释中国特色的城乡二元结构这个国情事实,测算结果缺乏动态变化性,剔除地区消费成本后的差距并没有那么高;再加上基尼系数指标定义的复杂性和专业性,社会公众不加区分就简单解读结果及其变化,容易引起社会不满情绪,这对共同富裕改革推进的大环境不利等。

另外还有观点提出,作为一种统计性指标,基尼系数指标的专业性较强,但对应政策工具的直接可视性不够,虽然呈现的结果简单、直接,但背后的政策手段、政策办法反映却不直接,难以快速反映现实中的政策问题,对下一步政策工具的改进和帮助作用并不太大。而且基尼系数作为全维度综合性指标,仅能作为宏观指示指标,难以一一对应到政策主管部门,相关部门的政策措施效果也无法通过基尼系数快速对应,在政策分工和考核中不好把握。还有就是,近年来我国基尼系数高位徘徊,难以反映各部门在推进共享发展方面的努力,容易被其他合理因素所带来的差距扩大来掩盖显著的政策努力和取得的政策成果。

应该说,关于基尼系数的所有上述观点在某种程度上是可能存在的,但总体上都是不正确的,都不能否定基尼系数的客观性、科学性、综合性及明显的应用价值。首先,一个国家的收入分配状况是复杂的,不可能指望完全用一个指标来指示、阐释和说明一切,不能要求仅一个指标就能把收入差距保持高位的成因、解释和影响因素给说清楚,可以说任何一个单维指标都做不到。其次,基尼系数本身只是一个统计指标而已,现实政策问题很复杂,故需要更多的指标来辅助,而不是说这个指标本身有问题,不能因为平均值会导致"被平均"现象,而就认为"平均值"这个统计指标本身存在问题。当一个群组差异比较大的时候,只能说也要加入标准差等更多指标才能全面反映。再次,基尼系数当然能够客观反映国家的收入差距情况,但如果要继续观察其中的城乡、区域、人群间影响来源,这需要进一步对基尼系数进行城乡组间和组内分解才有可能,事实上基尼系数也具备这些功能。最后,说基尼系数无法难以快速指示变化的观点也不成立,近年来我国收入差距基尼系数的明显波动就是证明。

四、解决中等收入者背后的现实问题

很多学者尝试界定中等收入者,并把中等收入群体比重作为一个重要的远景目标来对待,但对中等收入者的定义有较大分歧,既有绝对标准也有相对标准,两者各有优劣,测算结果有较大差异。多数观点认为,应该基于收入水平对中等收入群体进行定义,但也有观点认为应考虑消费、财产等维度,甚至要考虑教育水平、职业声望和社会地位等来综合界定。① 促进全体人民共同富裕是一个内涵广泛的目标,需要从诸多方面着力,相应地,中等收入群体的定义就不应仅限于收入这个指标,还应包括其他与人民高品质生活相关的内容,如旅游支出和娱乐消费等。②

总体来说,中等收入群体应该具有在全社会处于中等水平的收入、稳

---

① 杨修娜、万海远、李实:《我国中等收入群体比重及其特征》,《北京工商大学学报》2018年第11期。
② 蔡昉:《实现共同富裕必须努力扩大中等收入群体》,《经济日报》2020年12月7日。

定的就业、符合基本需要的居住条件、充分供给的基本公共服务、一定数量的家庭储蓄和适度的财产收入,并且具有超过基本生存需要的相关消费等。[1] 欧美国家关注中等收入者的重要原因不仅是经济上的,更在于该群体具有良好的社会行为模式和稳定的政治行为特征。不过放到中国特色背景下,中等收入者的界定标准存在较大分歧,而且中等收入群体的认同感普遍不足、社会认知行为不够稳定、边际消费倾向也并不太高。

单纯的中等收入者占比数量目标提高,不一定代表这些群体的主观认同感更高。所以,政策的关键还是问题导向,坚持问题导向型收入分配改革路线,找到对应群体的政策痛点与主要问题[2],在此基础上要增强中等收入者的边际消费倾向、提升他们的政策认同感、增加社会行为模式稳定性等,故这个统计学上的比重指标本身就没有那么重要。真正重要的是要坚持"提低、扩中和限高"的策略方向,进一步增强对经济社会的作用贡献,进一步提高人民群众的获得感、满足感和幸福感。

五、要瞄准财富存量带来的结构性影响

在我国扎实推进共同富裕的道路上,目前更多的关注点在于收入流量,如聚焦城乡区域间收入差距、中等收入群体占比等。但有观点认为,共同富裕的核心内涵其实在于财富存量,实现全社会的共同富裕应该更多关注财富分配。中国家庭房产的数量差异和增值收益是财富差距扩大的主要因素之一,即使没有收入来源,富裕家族的巨额财产不断在家族内进行财富积累和代际转移,也会直接加大贫富悬殊,不利于实

---

[1] 李培林:《怎样界定中等收入群体更准确》,《经济研究信息》2017 年第 7 期。
[2] 宋晓梧:《新中国社会保障和民生发展 70 年》,人民出版社 2019 年版,第 115 页。

现共同富裕。① 促进共同富裕不仅要注重研究收入分配,更要注重研究财富的积累和分配问题。②

共同富裕的题中之义就是要尊重财富、保护财富、鼓励致富,努力创造其财富保值增值的机会与条件,保护合理合法的财产。从短期来看,改善收入分配格局是实现共同富裕的重要途径,从长期来看,财富分配不均才是影响共同富裕的关键因素。现实中,因为资产使用所导致的贫富差距可能远大于收入分配造成的差距。事实证明,农民收入增长再快,也无法赶上城市居民资产增值导致的财产差距③,而且由于财富再分配与现行各种制度之间的隐性关联,可能导致财富的集中化趋势,从而造成更为明显的贫富差距。相比于流量分配,存量财产的转移和再分配所导致的贫富差距是隐性的,但往往又是决定性的。④

过去居民财富显著积累,居民财产性收入的占比在持续提高,目前有部分居民的主体收入来源甚至已不再是劳动报酬,而是资本性或财产性收入,由此劳动就业的必要性显著下降,并带来总体劳动参与率的持续下滑,并拖累总体富裕的增长。目前财富存量的积累、派生及其传递,已成为经济社会的重要基础性力量,所以要实现共同富裕目标,既要着眼于收入流量分配,又不能忽略财富存量分配,要特别关注财富存量的转移变形、结构扭曲、无序流动和代际传递,防止财产差距和收入差距的相互交织强化,关注资产价格泡沫和回报加速累积所带来的共同富裕影响。

---

① 张贤萍、邱月华:《新时代分配公平的税制优化路径研究》,《税收经济研究》2021 年第 1 期。

② 洪大用:《扎实推动新时代共同富裕的新议题》,《社会治理》2021 年第 2 期。

③ 刘尚希:《分配制度改革应从收入、财产和消费三个层面入手》,《中国财政》2013 年第 9 期。

④ 刘尚希:《"十四五"税制改革的整体思考》,《中国财经报》2021 年 6 月 1 日。

第五节　政策实践误区辨析

要坚持主业和副业的区别,不能在所有地区都要做内部的高标准共同富裕,不是每个领域都要分条块地推进共同富裕,不能把共同富裕作为所有领域的考核指标。有些行业领域适当扩大差距是可以接受的,毕竟每个政策都有其基本定位,不应对所有政策在共享方面都提过高要求。有些政策与共同富裕无太大关系,不宜过于泛化或扩大共同富裕概念。

一、选择使用扶贫工作的成功经验

脱贫攻坚是针对社会最贫穷的群体,更多还是在绝对标准上的;而共同富裕是相对意义上的,是更高水平的共享富裕,不可能精确瞄准一个给定的水平线来集体推动,因此要处理好短期推进和长期可持续的关系。习近平总书记明确提出,"要实现 14 亿人共同富裕,必须脚踏实地、久久为功"。[①] 我国地区间发展水平有较大差异,有些地方相对富裕,它的贡献要体现对其他地区的带动作用;欠发达地区不能过度瞄准搞内部的共享发展,否则就成了平均主义贫穷。我国刚从打赢脱贫攻坚战中走来,"我们对解决贫困问题有了完整的办法,但在如何致富问题上还要探索积累经验"[②],不能完全简单套用部分扶贫政策经验来指导推进共同富裕,否则容易使共同富裕的方向出现偏差。

从近期政策实践来看,部分贫困地区也都提出要制订自身的共同富

---

① 习近平:《扎实推动共同富裕》,《求是》2021 年第 20 期。
② 习近平:《扎实推动共同富裕》,《求是》2021 年第 20 期。

裕方案。我们认为,推进共同富裕还是要坚持全国"一盘棋战略",需要明确各地是在全国统筹下进行,总体还是要注重发展和增长。不能无底线地盲目抬高最低富裕水平,不能竞争性地攀比提升这个标准,否则会容易陷入福利主义陷阱。习近平总书记强调,"农村共同富裕工作要抓紧,但不宜像脱贫攻坚那样提出统一的量化指标"。[①] 在实际推进过程中,还是要坚持因地制宜,结合乡村振兴战略,努力让低收入群体跟上总体发展步伐并共享国家发展红利。

二、明确各省的发展阶段和功能定位

近期存在一个值得警惕的现象,即不仅富裕地区在推出共同富裕行动方案,甚至连贫困地区都要推出自身的共同富裕方案,建立单独的共同富裕指标体系,要求在省域范围内推进共同富裕。习近平总书记提出,"全体人民共同富裕是一个总体概念,是对全社会而言的,不要分成城市一块、农村一块,或者东部、中部、西部地区各一块,各提各的指标,要从全局上来看"。[②] 我们理解共同富裕是针对全国总体层面来谈的,并不是要求每个省都要单独搞一套指标体系,不是要单独推进自己的共同富裕。我国的区域差距较大,既有省内差异也有省际间差距。对于比较发达的省份,它已经走过了制度可及性和富裕性的发展阶段,而过渡到要更加注重共享性的阶段,可以开始在省内层面作更多的共享要求,也要求它们对周边地区有更多的溢出和带动。不过对于欠发达地区,其核心定位还是要努力做大"蛋糕"、提升经济发展,而不是盲目跟风要搞自己省内特色的共享富裕。我们主张要有整体层面共享发展的政策工具,但不是要求

---

① 习近平:《扎实推动共同富裕》,《求是》2021 年第 20 期。
② 习近平:《扎实推动共同富裕》,《求是》2021 年第 20 期。

每个地区都要有共享发展的工具手段,不能每个地区都单独来推进共享发展。

由于中国人口规模庞大、地区间发展差异较大,因此收入差异既存在省内部的发展差异,同时也存在显著的省与省之间的差距,不同省处在经济发展的不同阶段,不能贸然对所有地区都提出同样的共同富裕要求。对于富裕地区,确实有能力也有必要更多地谈共同富裕,这既包括省内自身的共享发展,同时也要对支持帮扶其他区域共享发展提更高要求。但对于相对欠发达地区,就不能过度提省内共同富裕的要求,不能对自身出台过高的共享发展要求,它的核心功能定位还是要发展、要增长、要效率,要提共同富裕也是要求别的地区对其进行对口支援或扶持,而不能因为要推进共同富裕而进行自我束缚。

三、允许特定行业领域适度扩大收入差距

自共同富裕成为国家发展重大战略后,甚至金融领域个别企业也提出要把共同富裕作为第一标准。个别地方甚至出台文件,要求金融企业专门为低收入群体提供投资理财服务,要求金融机构为中低收入群体推出专项财富保值增值服务,要求推出一批适应中低收入家庭的金融产品。我们认为,这有可能超出了政府行政手段范围,我们允许金融企业自愿这么去做,但不可过度干预微观市场的正常运行逻辑,不能在共同富裕目标下作统一要求。在市场经济条件下,金融企业一定程度的嫌贫爱富是应该被允许的,虽然我们也提出要金融普惠发展,但是不能也不应在源头上对此作过多硬性干预。金融领域的基本定位还是要讲效率、促进总体经济发展,我们提共同富裕是要在全国"一盘棋"下推进,我们有相应领域或政策工具来推进共享发展,但绝不是所有行业领域都要把共享作为第

一标准。

我们搞共同富裕去缩小收入差距,不是说禁止所有行业领域收入差距扩大。某些领域的功能定位就是要效率和增长,在发展过程中扩大差距是完全可能和被允许的。在市场经济中,金融行业的定位是要效率,它自然会不可避免地扩大差距;金融的本质就是要发挥资本市场活力,促进经济效率提升和国民财富总体增长,不应在业务操作的每个环节都要求金融普惠。投资的定位是效率提升,自然会对少数高收入群体有利,扩大差距也是可能的;高科技企业创新的目的就是要获得局部垄断,禁止扩大收入差距也是不可能的;在农业领域补贴种粮大户的目的是保证粮食安全,虽然这在局部地区也扩大了农户间差距,但这些情况也应该是被允许的。在生产建设领域,其核心目标就是要扩大财富总量、做大经济基础,不应时刻过度要求共享富裕。

在中央统筹推进共同富裕的背景下,既要有做大总体财富的手段,也要有调节共享发展的工具,对于财富总体做大过程中不可避免扩大差距的现象,我们还是要本着允许和引导的态度,而不能在所有行业领域都严格执行公平共享的统一要求。只是说在鼓励创新、激活资本活力的同时,我们也应实行平衡性、包容性增长方式,要注重初次分配的共享性,但绝不能为了共享而在生产领域就明显过度牺牲效率,这样的做法无疑是南辕北辙。在现代市场经济国家中,政府还具有明显的二次分配工具,可以对市场化分配差距做明显的宏观调节,这个环节的核心功能才是根据发展阶段和政策偏好做共享方面的针对性调整。

四、示范区的核心是政策探索与试验总结

从近期政策实践来看,浙江示范区吸引了较多社会资源,个别企业明

确提出要把相关资金投向浙江示范区,还有更多企业也在响应国家号召把社会资源投向浙江示范区。我们理解,共同富裕不仅仅是省份内部的公平共享,也应包括省份之间的共同发展,推进共同富裕应该是全国"一盘棋",而不仅仅是推进某个省的共同富裕。浙江省作为东部最富裕的省份之一,不仅应做好省内的协作、推动更多欠发达市县共享全省发展成果,而且也应该进一步带动或支援国内中西部欠发达地区,由此体现先富地区的共享发展责任。

中央把浙江省设定为示范区,我们理解是要求浙江省能在缩小城乡、区域和人群间差异方面探索更多的政策手段,从而为全国范围内政策破冰积累经验,要在政策上真的能够提炼出好的做法或措施,以供全国其他地方示范借鉴。尤其是在鼓励发展与共享兼容、侧重包容性增长方式、平衡城乡区域发展方面积累更多更好的做法,要求浙江省能在以城带乡、城乡融合方面探索出更多可行的措施,在发达地区如何可持续带动欠发达地区发展方面提供更多经验,要求在鼓励资本创造财富的同时,如何还能带动更多劳动要素也分享发展红利。故在中央"一盘棋"推动共同富裕的背景下,重点和焦点还是要把更多的政策和社会资源侧重在欠发达地区和低收入人群,要求浙江省做更多政策破冰的探索示范。

五、规范使用第三次分配政策手段

近期有个别企业打着第三次分配旗号而转移资金的情况,也有少数企业匆忙表态的个案,甚至社会上也存在跟风鼓吹第三次分配的现象,对此应有所警惕。我们认为,只要是合法、合规、合理经营,就不应该过度担心共同富裕政策的相关影响。实际上对企业来说,尽最大努力生存下来、解决职工就业、给工人正常发放合理工资、依法缴纳应缴税收,实际上已经对共同富裕作很大贡献了。当然企业确实也可以承担更多的社会责任，自愿提出更多的社会捐赠或慈善需求。但要明确的是，政策上不会强制要求企业进行特定数量的捐赠，企业也不应打着共同富裕的旗号进行某些不合法的投机行为，尤其是要区分企业普通经营业务和额外社会责任的关系。

实际上在国民收入分配格局中，奠定基础性地位的还是初次分配，这是收入分配最基础、最重要的一环，要实现共同富裕也主要应该是在市场经济增长过程中推进。只是在发展过程中，对于一些不太合理的分配差距，可以通过政府二次分配手段去适当地干预调整。但要明确的是，不能指望二次手段去完全扭转整个国民收入分配格局，第三次分配方式也只能是对制度的一个打补丁措施而已，而不能指望第三次分配来显著缩小全国总体层面的收入差距，更不能指望仅靠第三次分配就能实现全国高标准的共同富裕。

当前党中央把共同富裕提到历史性高度，其实主要还是针对不平衡不充分的发展现状，希望把城乡区域和不同人群统筹起来，建立一个更大的国内大市场，促进更多人共享改革发展成果。虽然背后有转变消费增长动力、促进国内大循环、提升社会流动性的考虑，但在政策实际推进的措施上，本质上与过去没有出现方向性变化，先富裕起来群体不必担忧所谓的政策追溯，不必为共同富裕而做什么资产隔离规划，更不用担心对不同所有制有区别对待的情形，应该说所有政策工具或手段都是在依法治国背景下进行的。

对大家关注的第三次分配问题，其实很早时期中央就已有多次论述，我们理解，它只是对市场初次分配和政府再次分配的一个必要补充而已，难以指望这一个工具去扭转整个收入分配格局，也不可能出现对先富群体的强制性共享。第三次分配只能是引导企业或个人自愿进行捐赠，全体人民包括富人和穷人实际上都可以自愿参与到这种分配方式中来。民营企业或中小微企业还是应坚守合法合规经营,努力创造更多的社会财富,解决更多的劳动就业,依法缴纳更多的税收,并在能力和意愿前提下尽必要的社会责任,这就是对共同富裕的最大贡献。

第八章 促进我国共同富裕的
总体思路与政策建议

在百年未有之大变局下,为扎实推进共同富裕,需要澄清共同富裕的实现路径、细化推进共同富裕的行动方案。结合对中国特色共同富裕的本质理解,本章提出扎实推进共同富裕的总体思路,归纳促进中国特色共同富裕的制度安排,提炼新时期推进共同富裕的关键政策和实施工具,并为实现共同富裕远景目标提出具体政策建议。

第一节 推动共同富裕的总体思路

要实现全体人民高标准的共同富裕目标,需要构建包容性增长方式,完善初次分配、再分配、三次分配协调配套的基础性制度安排。先从初次分配和再分配两个方面发力,并以第三次分配作为必要补充,构建公平合理又效率兼容的制度,从而在促进居民收入稳定增收的同时还逐步缩小收入差距水平。包容性增长的总体方向是在经济增长的前提下,走发展和共享的兼容性道路,通过经济增长自动实现更多人共享富裕的过程,使居民收入与经济增长同步,且收入分配差距不断缩小。包容性增长强调不能以明显牺牲经济增速为代价,是在经济发展前提下通过市场机制实现要素资源的良性分配,并让更多人分享改革发展红利。

新发展阶段要扎实推进共同富裕,政策目标首先是保持稳定、持续、有效率的包容性增长。发展和增长是共同富裕的基础,要通过经济增长和经济结构优化,带动居民收入增长。发展的重点在于扩大中等收入者比重,通过多元政策体系为经济稳定发展保驾护航,实现全体居民收入持续快速增长。

一、总体方向

推进全体人民共同富裕,促进更多人合理分享经济发展成果,关键是要注重包容性增长。在公平和共享的理念下,使更多的人群和地区同步增长,让经济增长成果惠及更多人,使他们生活得到实质性提高和改善。所以,"包容性增长"概念至少包含三层含义:一是要增长,即要保证持续和稳定的经济增长;二是增长要有包容性,即进一步采取居民有较强获得性的增长方式,让居民收入与经济增长保持同步;三是注重共享性增长,即在发展过程中注重穷人偏向性,让低收入群体能更多享有经济增长的成果。要推进全体人民共同富裕,就是要在这一总体方向指引下,采用包容性增长方式、注重居民获得感、侧重穷人偏向性。[①] 在顺序上是稳定经济增长并采用居民获得性强的增长方式,采取适度的经济发展模式,向穷人的增长方式和共享式的发展方向偏移,从根源上促进更多居民收入增长。通过市场机制的调节作用,坚持效率优先、公正实施原则,保证所有居民拥有公平的机会去实现收入增长。

要实现高标准的共同富裕,必须要突出市场在初次分配中的作用,突出政府在收入再分配中的作用,统筹推进初次、再次和三次分配作用,合理协调长期、中期和短期再分配政策,灵活运用政府、市场和社会手段,同

---

① 李实、万海远:《中国收入分配演变40年》,格致出版社2018年版,第263页。

步作用于低收入、中等收入和高收入群体(见表8-1)。要坚持在发展中保障和改善民生,在发展中补齐民生"短板"。坚持城乡居民收入增长与经济发展同步、劳动报酬增长与劳动生产率提高同步,拓宽城乡居民劳动收入和财产性收入增长渠道。全面建成覆盖全民、多层次的社会保障体系,通过政府再分配调节和推进基本公共服务均等化,缩小城乡收入差距,让改革发展成果更多更公平地惠及全体人民。

表8-1 推进全体人民共同富裕的政策框架

政策框架	包容性增长	收入再分配
总体方向	促进经济增长:由此带动全体居民收入稳定增加	保障再分配:增加低收入群体倾斜力度
政策目标	经济稳定、持续、有效率、包容性增长	居民收入与经济增长同步,收入差距缩小
政策顺序	首先要稳定经济增长,其次要采用居民获得性强的增长方式	要在经济增长的前提下,增加对穷人的收入保护
政策思路	选择适度的经济发展模式:偏向于穷人的增长方式和共享式的发展模式	不能以牺牲经济增速为代价,在经济持续发展的前提下再分配
政策模式	直接干预居民收入增长的原因	间接干预居民收入差距的结果
政策原则	效率、公正	公正、均等
政策方式	市场机制	政府调控
政策手段	保证机会公平	调节结果差距
政策重点	侧重扩中:扩大中等收入者比重	着眼提低:提高低收入群体的收入水平
政策体系	创新政策:促进创业、中小企业发展	财政政策:财政转移支付政策
	教育政策:人力资本投资政策	税收政策:差异化税率调节分配差距
	劳动政策:促进劳动力市场灵活性	社保政策:构建社会兜底和社会保障网
	资本政策:放松投资管制与行业准入	公共服务:促进基本公共服务均等化
	土地政策:增加供应和盘活土地市场	区域协调:平衡区域发展政策

资料来源:由笔者根据资料整理。

二、政策模式

要促进全体人民共同富裕,政策重点在于保证居民稳定增收和促进居民收入差距缩小,根本还在于经济平衡性增长。居民收入是由一系列经济行为所产生的结果,影响居民收入变化的因素大体包括两种:一是由特定社会经济发展模式所内生的收入分配结构;二是通过政府调控手段对经济运行实施外在干预,从而导致利益分配格局的直接改变。前者试图改变导致居民收入差距的原因,而后者则通常是干预收入差距结果。[①]对分配结果的直接干预,通常会造成要素价格的扭曲,因此通过发展模式调整和市场机制完善以促进城乡居民增收,就成为促进全体人民共同富裕的根本着力点。[②]

从政策体制改革看,政府调控模式包括三个方面:一是为特定的经济发展模式和完善市场机制运行塑造良好的外部环境;二是增强教育医疗等人力资本投资相关的公共服务的可及性、公平性,为社会成员机会均等提供切实保障;三是使用税收和转移支付手段调节居民收入差距。值得注意的是,最为根本性的还是初次分配,需要通过市场化方式强调增长的包容性,所以总的政策模式还是要保持稳定经济增长、走兼容性经济发展模式、完善市场机制、增加政府倾斜力度,由此来要实现全体人民的共同富裕。中国特色共同富裕的根本路径是通过增长来促进先富带后富,在市场经济条件下保证绝大多数人的市场参与权利,通过初次分配实现起码的居民收入增长,再使用公共政策来进行二次再

---

① 李实、万海远:《中国收入分配演变 40 年》,格致出版社 2018 年版,第 264 页。
② 万海远:《强化再分配政策对收入差距的调节功能》,《中国党政干部论坛》2019 年第 2 期。

分配,从而保证结果平等性,在此基础上还通过财税政策等来鼓励引导社会力量的第三次分配。

三、政策原则

1. 以居民为核心原则

过去关于居民收入的专项文件较少,但对于共同富裕的政策来说,要全流程始终体现以居民为导向,要求从头到尾都是针对居民的共同富裕政策,而不能套用到任何政策文件都适用,必须是最直接体现居民收入增长的实实在在的政策。要真正坚持以人民为中心的发展思想,坚持人民至上,真正以人民大众的利益为导向①,能向所有社会成员提供更高标准的保障水平,能切实让改革发展成果更多更公平惠及全体人民,不断增强人民群众获得感、幸福感、安全感,让人民群众感受到共同富裕不仅仅是一个口号,而是看得见、摸得着、真实可感的事实。居民导向政策的另一面就是要鼓励全民通过劳动创造财富,提倡全民包括穷人也可以自愿做慈善捐赠,强调企业的定位还是要生产要发展,侧重是激励引导企业家而不是企业来做第三次分配。

2. 公平效率分离原则

基于前章多次论述公平与效率的关系,两者既不会存在明显矛盾,甚至还可能相互促进,这本质上需要注意区分,并明确相互隔离的原则,通过各尽其责实现相互兼容。在初次分配侧重讲效率,在再次分配和三次分配侧重讲公平;市场经济手段侧重讲效率,而政府行政手段侧重讲公平。坚持两者分离原则,这就不会出现公平与效率的矛盾冲突,由此既能

---

① 王小鲁:《改革之路:我们的四十年》,社会科学文献出版社 2019 年版,第 214 页。

有效做大国民经济财富总量,还能使更多人公平合理分享财富蛋糕。

3. 因地制宜原则

我国东中西、城乡发展阶段不同,功能定位不同,所具备的地理区位条件和资源禀赋也存在很大差异,因此我们既要尊重自然发展规律,也要尊重经济社会规律,循序渐进地推进全国层面的共同富裕,不能过于冒进地提出不切实际的目标,近期内更不能超越自身发展条件而提过高的共享发展要求。另外,在推进共同富裕的总体思路上,也要秉持非同步的原则,按照"长计划短安排、小步快跑"的方式,甚至考虑到制度惯性还要按照"先慢后快"的原则来设计时间表和路线图。

4. 问题导向原则

当前共同富裕的最大挑战就是要缩小相对差距,提升低收入者的收入水平,减轻中等收入者的生活支出负担。针对核心症结问题,这一方面要保持必要的经济增长速度,保障低收入者的就业稳定性,稳定降低中等收入者的教育医疗和住房负担,保障基本公共服务和必要生活水平。另一方面要切实通过辛勤劳动、努力奋斗来推进共同富裕,这需要充分的高质量就业,需要稳定制造业和居民服务业,需要扩大小微民营企业力量,鼓励个体创新创业和自营就业,让每个人都有成为老板的可能。

四、政策顺序

要推进高标准共同富裕目标,首先得要稳定经济增长,不能让经济增速过度下滑。在宏观经济都无法持续增长的情况下,就不可能实现高标准的共同富裕。所以政策首要目标还是要保证经济稳定增长,从刺激投资、提升进出口和扩大消费需求的角度,进一步提高总需求。近期还要从供需两侧同时发力,把创新驱动放在核心位置,加快培育新动能、改造提升传统动能,以"大众创业、万众创新"带动产业转型升级,使更多新产业、新业态、新模式涌现出来,适应市场需要并积极培育中小微企业,支持个体户发展,努力稳定制造业占比,带动更多普通劳动者充分就业。

之后,在实现经济总体富裕目标的基础上,应更加注重居民获得性的增长方式,改革压低工资、压低消费来保持经济竞争力的做法,而必须在保障人民收入和福祉持续提高的前提下不断发展。这里尤其需要选择适度的经济增长模式,通过市场化的定价模式、采用市场化的调控方式,改变经济发展过程中的产业结构,并与我国劳动力资源丰富的背景相一致,提高劳动要素在生产过程中的回报、增加就业机会,从而提高劳动报酬在初次分配中的比重、提升居民收入在国民收入中的比重。

在经济增长自动带动居民收入增加的市场化条件下,还必须注重政府调控方式来增加特定群体、特定居民的收入份额,如通过财政税收、基本公共服务和社会保障政策等来调节收入分配。市场机制与政府调控是影响利益分配的两种基本力量。对于我国过去收入差距不断扩张的状况,其实也与政府再分配效果不佳有关,因此要改善政府再分配效果,通过政策手段促进全体人民共享改革发展成果(见图8-1)。

五、政策体系

1. 产业、收入政策对接

促进共同富裕的基本手段是要靠产业发展,通过稳定就业实现城乡居民稳定增收。经济发展仍然是长期坚持的根本方向,需要加快产业结构升级,稳定制造业比重,大力促进高新技术产业和第三产业发展。同时

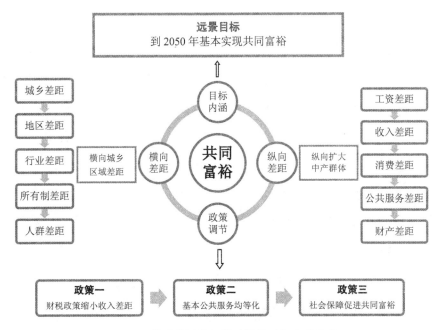

图 8-1　推进共同富裕的政策体系与实现路径

资料来源:笔者整理设计。

下大力气提升自主创新能力,使我国向创新型国家转变,形成具有核心竞争力的产业集群。

2. 长期、短期宏观政策协调

推进共同富裕远景目标也需要区分长短期政策。从长期看,要完善劳动力市场,保护劳动者合法权益;要坚持资本市场化改革,平衡资本和劳动之间关系;同时也要提高劳动者人力资本,这是经济总体富裕的关键。从短期看,要重点出台各种再分配和保障性政策。关注低收入人群的相对贫困和社会保障状况,合理调节垄断行业工资分配格局。给予流动人口市民化待遇,进一步提升社会保障覆盖质量,推进一体化、多层次、广覆盖的社会保障覆盖体系,提高最低生活保障力度。①

①　万海远:《强化再分配政策对收入差距的调节功能》,《中国党政干部论坛》2019 年第 2 期。

3. 初次、再次、三次分配制度协调

无论是经济总体富裕还是全体人民共享富裕,都存在不同层面的收入增长和收入分配问题。初次分配是市场机制配置资源的基本渠道,当前初次分配中的问题不是政府干预不足,而主要是市场体系和机制不完善。① 政府在二次分配过程中也能起到明显的作用,很多国家收入差距缩小与再次分配政策有较大关系。慈善捐赠的三次分配也有一定的补充作用,在一定程度上补充初次和再次分配中的调节作用。

4. 高、中、低群体同时作用

要控制不合理高收入、努力扩大中等收入群体比例、逐渐减少低收入群体。"调高政策"不能简单理解为限制高收入,而应着眼于减少高收入中的不合理收入,如灰色收入及垄断部门高收入等。"扩中政策"的重点是要防范中等收入者掉入低收入群体、进一步增强中等收入者的作用贡献。"提低政策"的重点在于规范分配秩序、消除政策性歧视、优化流动人口普遍覆盖的社会保障和基本公共服务体系。

第二节　促进经济长期高质量发展

一、促进发展与共享兼容

推进共同富裕的关键是要找到发展与共享的兼容性政策。虽然公平和效率的不完全替代关系持续存在,但新时期要侧重以公平来促进效率

---

① 万海远:《增强调节力度　缩小收入差距》,《中国劳动保障报》2019 年 6 月 12 日。

的政策。要通过更加公平的做法来提升效率、加快发展,这取决于如何改进发展与共享的兼容性。在现实中,当经济发展到一定程度后,若反过来扶持开发那些落后地区,并让之前没有加入经济循环的地区加入进来,则整体经济规模就会做大,可以在更大范围内配置资源,所以扶持落后地区是促进公平和效率兼容的重要手段。考虑到共同富裕目标不是现在就要实现,因此针对人的早期能力培养,也可以获得短期公平和长期效率相兼容的效果。近年来,国家强化了反垄断,让更多人参与市场竞争,从而带动更多新的要素参与循环,也会提升发展与共享的兼容性。

从国内大循环的生产端出发,如果收入差距持续保持高位徘徊,低收入居民消费潜力就无法激活,导致国内市场需求不足,这是目前我国很多传统产业到达规模峰值的重要原因。在进入现代化进程后,需要通过消费来进一步促进生产,这也是推进共同富裕的兼容性方向,是联通生产和交换循环的重要来源。从推进共同富裕的角度出发,缩小收入差距是做大国内市场、提升经济增长动能的根本性办法,也是公平和效率、发展和共享的长期兼容性政策。未来一段时期要全力缩小收入差距,这既是维护公平正义和促进更好共享的必然要求,同时也是未来高质量发展和实现高水平共同富裕的必要途径。

二、完善高标准市场经济体系

市场化改革不仅能提高经济效率,而且还有助于促进均衡发展。实际上城乡区域和不同群体间发展不足的重要原因是市场发展不完善,政策着力方向还是要建立高标准市场体系,以提高市场化水平来吸引资金和劳动要素流入,建立内生于微观主体的市场化发展模式,并用发展的方式来解决不充分增长和缩小发展不平衡问题。同时要将推进共同富裕的政策取向放到注重从生产端发力,努力减少不平等的同时有助于促进经济增长,从而在生产端高质量发展过程中促进共同富裕。[①]

市场化培育差异是我国收入差距扩大的重要成因,政策改革方向不是直接的政府干预和资源配置,不是一味地通过财政投入的方式来改变不充分发展,而是要完善市场体系的各项制度建设,包括产权保护、市场准入、公平竞争等基础性制度。建议加快各地经济结构升级步伐,努力提高市场化水平,在更大范围、更广层面上建立国内大循环。深化要素市场化配置改革,促进要素自主有序流动,鼓励城乡要素双向流通,提高要素配置效率,支持农村工业化发展。进一步统筹国内一体化市场,以高水平分工激活市场活力。建设更多的市场经济示范区,提高市场化水平,由此提振经济发展动力,并缩小城乡区域和人群间的发展差距。

三、进一步改善营商环境

近年来我国营商环境明显得到改善,但仍然存在较大改进空间,其中主要问题是各类行政审批管制偏多,如一些地方创办小型民营企业面临审批多,小微创业和个体经营存在一定困难,不合理收费成为企业特别是小微企业发展的障碍。建议加快政府职能转变,继续简化行政审批手续,规范税费制度,为创新创业提供更好支持,为个体户发展提供有利的政策环境。要落实负面清单制度,降低市场准入门槛,减少对市场的直接干预,提高民营经济地位,鼓励企业家精神,保护企业家合理合法财富。加强对民营经济财产权的法律保护,全面清理对不同所有制区别对待的法规,畅通市场主体对隐形壁垒的意见反馈渠道,推进企业市场注销便利

---

① 张月友、刘志彪:《在生产端高质量发展中促进共同富裕》,《长江产经智库》2021 年 8 月 18 日。

化,方便市场主体准入和退出。①

需要进一步深化"放管服"改革,开展更多营商环境创新试点。破除区域分割和地方保护,探索企业网上办事,提升投资和建设便利度。改变城市只要高精尖企业的发展理念,引导"专精特新"中小企业,着力培育"隐形冠军"企业,吸引小商小贩在城市创业就业,这是稳定居民就业和扩大中产群体的基础。过去个体户和小微企业面临不少制度性歧视,融资困难现象普遍,贷款门槛和融资成本较高。"十四五"时期要加快金融市场化改革,缓解个体户和小微企业融资困难,稳定支持个体户和小微企业发展,促进全体人民通过充分就业实现稳定增收。

四、突出就业高质量发展

中国特色共同富裕需要防止劳动报酬占比明显下降,这需要把高质量就业摆到一个历史性高度上来。劳动收入是大多数居民收入的主体来源,与经济发展和收入增长紧密相关。劳动收入还是低收入居民生存的主要来源,劳动报酬也直接决定收入分配差距的程度。劳动报酬占国民收入比重越高,则会带来更低的收入差距和更高的人均发展水平,从而共同富裕程度就会越大。而且劳动年龄人口比重大对应更多的劳动要素投入,经济增长动力自然更加充足;劳动参与率越高,收入差距会相对越小,共同富裕程度也就明显越大。所以要鼓励勤劳致富,支持合法经营、敢于创业的致富带头人,坚持保护居民劳动收入、适当向一线劳动者倾斜,坚持提高劳动报酬比重。

中国是社会主义市场经济国家,我们既要坚持市场经济带来的微观

---

① 万海远、陈基平、王盈斐:《中国南北工资差距的新变化及市场化成因》,《中国人口科学》2021 年第 4 期。

主体活力,同时也要坚持按劳分配为主体的制度优势。提高劳动报酬对经济增长和收入分配有很大提升作用。需要尽力提高劳动参与率,促进劳动力高质量就业,增加劳动工资在居民收入中的占比。要推进全体人民共同富裕,不可能靠少数人的结果兜底来实现高标准的共同富裕,因此中国特色共同富裕的政策路径,注定是共建才能共享的过程,其中依靠劳动力市场中的自我就业非常关键。

就业是居民收入来源和生存发展的基础,也是宏观经济增长的主要动力。就业是推进共同富裕的关键政策工具,总体方向还是要继续稳步扩大就业、提高就业质量。根据效率原则配置劳动力资源、建设统一劳动力市场,鼓励劳动力自由流动,为劳动者提供高效的就业服务。稳定发展制造业,推进产业结构优化升级,扩大就业吸纳能力,拓宽就业渠道,帮助居民实现持续增收。就业是最大的民生工程,也是共同富裕的主要兼容性政策。需要全面实施就业优先战略,稳定劳动密集型制造业,强化生活性服务业扩容升级,促进中小微企业和个体工商户高质量发展,通过稳定就业带动全体人民通过辛勤劳动改变命运和共享改革发展成果。

五、侧重人的全生命周期发展

中国特色共同富裕强调人的全面发展,是通过人的能力提升来推进共同富裕。考虑到是面向 2050 年基本实现共同富裕目标,故更主要是面向未来而不仅是当下,政策措施更应注重长期。未来共同富裕根本上还是要靠人的能力发展,让社会所有人获得必备的较高能力,促进起点和机会公平,这是推进长期共同富裕的基础。① 发展不是单纯的经济增长,也

---

① 刘尚希:《促进共同富裕应全面融入人的现代化过程之中》,《中国经济时报》2021 年 8 月 6 日。

应包含人的全面发展，是人的能力不断提高的过程。要推进 2035 年共同富裕远景目标，目前 7 岁儿童在 15 年之后正好在 2035 年左右进入劳动力市场。因此现在针对儿童发展能力的政策，是着眼于 2035 年推进共同富裕的前期政策，更是中长期实现共同富裕目标的根本性办法。

从人的早期发展指标进行干预，是体现初期能力禀赋提升和后期结果干预的高度结合，体现总体富裕和共享富裕的有机结合。要构建婴幼儿生育、养育和教育政策体系，提升全体人民教育水平和教育质量，促进义务教育优质资源均衡分配，实现普通教育与职业教育平衡发展，提升教育普惠性促进教育公平，不断提高教育质量，加大劳动者职业培训力度，并充分利用老年人人力资本。这既能体现经济效率也能促进社会公平，是既能实现总体富裕又能达到共享富裕的长期兼容性政策，同时也是推进中国特色共同富裕的根本方向。

第三节　实现经济持续包容性增长

一、经济增长始终是第一位的

党中央提出共同富裕目标，强调是高标准、高质量的远景目标，故政策措施就应该注重长期。当前我们人均经济发展水平还是不够富裕，离发达国家还存在一定距离，因此坚持经济增长仍然是第一位的，这需要全体人民通过辛勤劳动来努力实现。对此，我们要有充分的思想准备，在遵循历史方位和现实条件下，不能急躁地过早过度谈共享问题，还是要按照阶段性要求先踏实做大财富总量，同时保证更好地共享发展。

促进共同富裕首先是从生产端开始，然后才能着眼于再分配领域。

经济持续增长是推进共同富裕的第一要务,要促进共同富裕,第一位还是要保护、鼓励、支持资本的创造性,通过资本组织劳动生产才有可能促进财富"蛋糕"的不断做大,这是经济发展的动力来源,因此新时期推进共同富裕的第一条,还是要不断鼓励资本活力并激励生产更多的社会财富。但考虑当下全体居民分享发展成果的挑战也较大,因此也要适当注重经济增长的方式问题,同时也要引导资本合法合规运营,不能突破法律红线。

我国目前人均 GDP 也只是在高收入门槛底线附近,若以人均居民收入来衡量则更低,因此当前我们处于社会主义初级阶段的判断没有发生改变。要推进高标准共同富裕,要始终促进经济持续稳定增长,不能因为要共享而过度牺牲经济增长效率,不能因为当前谈共享分配就不要经济增长。实现共同富裕的第一条还是要增长、要发展,在此基础上才有可能实现全体人民更高标准的共同富裕。我们推进面向 2050 年的共同富裕,应该是在"富裕"的基础上推进"共同",而不是在推进"共同"的基础上再促进"富裕"。

二、促进经济包容性增长

从公平与效率、发展与共享的关系来看,推进高质量共同富裕的关键是要找到两者兼容性政策。坚持在发展中推进共享,并通过共享来进一步推动发展。所以在高度注重创新效率的同时也要兼顾起码的结果公平,在保护合法财产的同时也要提倡包容性。从大方向来看经济平衡性增长仍是共同富裕的决定性因素,也是宏观和微观收入分配格局的基础所在,因此在市场化领域要更加重视包容性发展,注重市场在资源配置中起决定性作用的同时,要侧重走市场结构完整性、产业结构协调性、技术创新中性和就业包容性的发展道路,从而在经济稳定增长的同时,还能促进普通劳动者充分就业和稳定增收。

从阶段性任务出发,目前我国收入差距较大是制约国内大循环的重要因素,这需要优化分配格局,推进经济包容性增长。在新发展格局下,提升低收入群体收入增长、缩小收入差距水平可以刺激居民消费,有利于提升经济增长潜力并增加社会活力。所以说,缩小当前阶段的收入差距,不仅能带来当期更高的共享发展,也能促进长期更高的稳定增长,是典型的包容性发展政策。

三、推进产业协调性发展

做强产业是促进就业的基础,也是提升共同富裕的根本来源。经济高质量发展归根结底还是要产业协调性发展,既要保证产业有高精尖,能够突破"卡脖子"技术,但也更要普通的劳动密集型产业,尤其是要包括有最大就业容量的制造业和关系民生基本的居民服务业,它们既是居民充分就业的稳定基础,也是居民收入的主要来源,更是促进全体人民共同富裕的基本保证。

产业结构和劳动力市场就业结构衔接,保证了劳动者充分就业并融入经济增长过程,使劳动者在发展中实现共享,并通过共享来实现发展,故能显著促进共同富裕程度。制造业发展对稳定就业至关重要,我国制造业发展迅速、生产持续保持扩张、产业结构升级步伐稳健,贡献了大批就业岗位,对就业的拉动作用日益增强,为稳定就业提供了坚实支撑。下一步要继续加快发展先进制造业,推进产业结构优化升级,促使制造业不断吸纳就业,一般服务业就业吸纳能力强,能有效稳定就业并促进居民增收,且服务业内部收入差距较小,稳定第三产业特别是居民服务类产业比重,有助于稳定就业并提升中低收入者工资水平。建议要保持第三产业适当占比,通过完善产业链促进居民服务业发展,并进一步提升共同富裕程度。

四、突出农民低收入群体发展

我国还是以中低收入为主的分配结构,城乡不协调是收入差距的重要来源,推进共同富裕的主要难点表现在城乡发展不平衡不充分,主要是存在大量农村低收入群体。因此,统筹城乡发展、缩小城乡收入差距、提升农村低收入者的收入水平,是推进共同富裕的最主要措施。建议"十四五"时期要尽快推出农村低收入者的收入倍增计划,在乡村振兴战略下,要进一步畅通城乡要素双向流动,培育乡村特色产业,引导农民灵活就业,鼓励农村剩余劳动力进入城市就业,让更多农村低收入者迈入中等收入群体。

建设农村富民产业是农民增收的重要渠道,是支持农民进入中等收入群体的重要手段。完善就业创业政策支持,推动形成农村产业发展和农民持续增收相互促进的新局面,激发农村内部发展新动能,促进农村居民收入增长。我国农村低保制度保障水平较低,随着经济增长也要随之提高低保标准,保障最低收入人群基本生活。要加大统筹协调力度,增加对落后农村地区的转移支付,促进农民低收入群体的政策性收入稳步增长。

第四节　促进劳动与资本平衡健康发展

在经济增长框架下,比较侧重资本的创造力方面。在共享富裕的框架下,我们要看到资本的破坏力方面,要防范资本回报率过快上涨所带来的破坏性,要通过各种手段防范资本对劳动要素的过度挤占。总体上看,推进共同富裕要平衡好资本的创造力和破坏力,要合理平衡好资本和劳动要素的和谐关系。

一、防范资本无序扩张

资本要素具有无限积累、无限流动、循环增长的特点,会先天性地扩大人群间差距。在互联网、全球化、技术革命影响下,目前各国资本所得份额都在反弹。在中国特色社会主义制度下,我国始终保持对资本适度的必要管制,成为维护劳动者基本权益和促进共同富裕的重要屏障。我们要继续坚持关于资本适度调节的制度优势,反对资本无序扩张,协调资本的创造力和破坏力。

资本既是物质财富的重要生产要素,同时也容易扩大收入差距,特别是在资本形成垄断的情况下,更容易带来"赢者通吃"的局面。当前,我国居民财产差距已达到较高水平,成为财富分配不均等较大的国家之一。财富差距扩大背后的根源是要素市场不完善和资本垄断。在技术进步的推动下,资本更加具备了自我加速膨胀、四处扩张、趋于垄断化的特点。垄断带来了超高收益和垄断利润,更容易巩固资本的垄断地位。因此,需要对资本无序扩张作必要的管制,对敏感领域划出负面清单,防止资本在经济领域中的垄断及过度蔓延。

二、警惕数字化带来过度聚集

在数字化时代下,强化数字赋能和数字化改革可以有效提升治理效能,提高经济社会运行效率和总体富裕水平。然而数字化、信息化容易带来创造性破坏,对低收入者的负面影响更大,带来不同群体获取数字利益的结果差异。① 近年来,随着数字经济的迅猛发展,平台企业快速崛起,它们通过持续积累数据资产迅速实现市场的规模化和集中化,并引发了对平台寡头可能阻碍良性竞争的担忧。浙江共同富裕示范区的行动方案突出了数字化的重要作用,也表现出浙江省很多做法的超前性,但要推进全国总体共同富裕,数字化是否真的有助于缩小差距还值得认真思考。

数字化可能会影响劳动力市场,带来结构性失业风险,所以数字经济在促进总体富裕的同时,还必须提出对个体能力发展与就业保护的措施,如建立劳动者终身技能培训体系,促进人的全生命周期能力提升。同时,还需要完善平台经济治理体系,构建鼓励创新和风险控制的双重机制,引导平台企业加强行业自律,落实互联网平台企业主体责任,推动平台经济合规健康发展,实现有效监管和包容发展平衡。近年来,我国新经济、平台化和数字化日渐活跃,不同形式的数字垄断行为有所抬头,故应认真审视各行业领域的数字垄断行为。

三、规范国有资本合理运营

建议规范国有部门治理,防止少数人垄断侵占国有资源,防止资源以利润形式变成少数人的收入。尤其是要强化国有资本的公共属性,减少国有资本的垄断低效现象,严防少数人利用特殊地位来弄权寻租。建议要加大对垄断行业和国有企业的收入分配管理,整顿收入分配秩序,清理借改革之名变相增加高管收入乱象。减少政府对市场准入的限制,禁止

---

① 王丹丹、单志广、唐斯斯:《我国产业数字化的"五大风险"和"五大对策"》,《中国经贸导刊》2021 年第 1 期。

违法设置市场准入条件增设行政许可,强化国有资本反垄断,严格督查违规收费搞行业垄断的现象。

近年来,部分国有资本流向非主业的竞争性领域、参与私人资本的交替循环,这在一定程度上挤出了私营企业份额,对培育壮大民营经济不利。总体上要防止国有部门通过强权与民争利,监督国有资本的使用和流向等,建议要划拨更高比例的国有资本利润到社保基金,真正体现国有资本缩小收入差距的制度优势。做实国有单位职能分工,聚焦国有资本做强主业的定位,要求不仅是中央级国有企业,也包括省市级国有企业都应该恪守主业,防止国有资本利用垄断优势挤压上下游民营企业。

四、促进金融普惠式发展

我们认为,推进共同富裕是在全国总体层面的,不是所有地区、所有行业都要同时、同步、同等搞共同富裕,更不是说所有领域都要把共同富裕作为第一标准。实际上从国家的总体功能定位来说,金融行业的第一定位还是要效率、要发展、要做大"蛋糕",只不过对于发展过程中带来的收入差距,要交由二次或三次分配的方式来进行适当调节。建议要按照不同领域的功能定位作必要区分,有的侧重于做大"蛋糕"、注重效率,有的是针对性分配"蛋糕"、注重共享,这才是全国"一盘棋"推动共同富裕的正确做法。

我国居民财产收益主要来自储蓄存款,其他投资方式较少。政策上需要努力拓宽直接投资渠道,鼓励居民积累财产,普惠式增加财产性收入。加快普惠型金融产品和金融工具创新,提高居民理财水平。改善金融服务,构建居民收入来源多元化、风险结构异质化、资产存量组合化的理财平台。建议加快发展直接融资,改变投融资体系过度依赖银行的局面,深化新股发行制度市场化改革,抓紧完善发行、退市和分红制度。完善企业信息披露制度,建立新股上市时分红事项提示制度,提升上市公司对股东回报,强化投资者回报和权益保护,切实维护中小投资者利益。深化利率市场化改革,缩小商业银行利差幅度。完善存款保险制度,保护存款人利益。[①]

五、协调平衡劳资合作关系

目前,我国劳动者特别是一线劳动者劳动报酬占比偏低,建议要保持一线劳动者工资的合理增长,在私营企业劳资集体协商中,要增加一线劳动者基本工资在劳动报酬中的比例,积极探索劳动要素参与利润分配的形式。同时要规范劳动雇佣关系,缩小企业内部职级差异,减少对合同工、临时工的收入歧视。紧盯重点人群,以劳动密集型、中小企业集中的行业区域为重点,以一线职工、劳务派遣工、农民工为重点对象,将劳动定额、计件单价、福利待遇、劳动分红等纳入督查范围。

在资本回报率上升背景下,除对资本无序扩张进行直接规范外,最根本的是提升劳工对资本的平衡作用。抓好行业工资集体协商谈判,将劳动分红、高技能人才待遇、技能创新奖励等纳入工资集体协商范围,积极探索劳动、技能要素参与分配的形式。在依法治国背景下,建议由国务院制定有关行政法规或由相关部门联合制定规章,细化区域范围内分行业的集体谈判机制,以超常规手段增加劳工集体谈判能力,选择一两个沿海省市先行试点,取得经验后再适时上升为法律。

---

① 李实、万海远:《有效管控财产差距扩大风险》,《中国社会科学报》2017 年 6 月 28 日。

第五节　统筹城乡区域协调发展

一、以城带乡、城乡融合发展

我国城乡收入差距明显,很大一部分源于城乡两个市场发育程度不同。当前我国农村要素尚未完全市场化,城乡市场之间容易产生"虹吸效应",农村的劳动力、土地、资本要素不断流进城市,而城市的技术、管理包括人才资源却难以流入农村,城乡差距持续保持较高水平。建议进一步培育城镇劳动力市场,吸纳更多农业剩余劳动力,提高劳动力资源配置效率。另一个重要增长点就是城乡接合部,走城乡共建的可持续发展道路。

城镇化是社会发展的必然规律,也与乡村振兴战略高度衔接,应顺应经济发展规律推动高质量城镇化,实现全方位市民化。[1] 通过转移农村剩余劳动力到城市,既让农业劳动力融入国内大循环并促进农民增收,也为城市化、工业化提供更多的劳动力资源。走城乡协调平衡的发展道路,既能促进总体经济增长,也能为农民共享富裕提供基础。通过鼓励农民就近创业就业,激励农民融入产业升级,实现农民普遍可持续增收,由此推动乡村振兴,实现以城带乡、促进城乡融合发展。

二、发展农村新型产业

随着农村绝对贫困人口全面脱贫,我国进入了推进共同富裕的新征

---

[1]　倪鹏飞:《中国城市群崛起将重塑全球经济地理》,《经济参考报》2021 年 3 月 23 日。

程,农村发展建设也进入了新阶段。只有不断拓宽农民增收新渠道、挖掘增收潜力和动力,才能不断促进农民持续增收。建设农村新型富民产业既是农民增收的新渠道,也是支持农民进入中等收入群体的重要手段。促进农村产业健康发展和农民持续增收相互循环,这有助于激发农村内部发展新动能,促进农村居民收入增长。

建议积极发展第六产业,帮助农民发展复合产业,多渠道激发农民收入持续增长。包括发展农产品加工产业,推进农产品精加工,提高农产品附加值;发展农村旅游产业,依托农业自然资源培育乡村民宿、饭店产业,打造乡村休闲旅游新生态,以农带旅、以旅兴农,推动农业转型升级,形成农业发展新格局;继续推进农村电商产业,帮助农产品面向全国推广,拓宽农民增收广度,促进农民与全国居民一起实现共同富裕。

三、更大力度促进土地制度改革

目前农村居民的集体土地资产没有被盘活,在很大程度上被闲置,农村居民财产性收入普遍较低。土地是农村居民的最重要财产类型,也是助推农民增收的最大潜在来源。在中国特色制度下,可以给农民处置土地更多的自主权以积极增加农民收入。核心是要赋予农民土地财产权,推进宅基地流转和置换方式创新,推动农村土地资源变资产,通过土地入股、建立实业公司或发展土地股份合作制等方式实现农村土地变现。

促进城乡融合发展的核心就是要盘活农村土地资产。建议全面落实集体经营性建设用地入市,深化农村宅基地制度改革试点,创造条件让宅基地有序流转,让农民分享土地升值收益。让农民以产权租赁、参股信托等方式参与创业活动,分享创业收入和经营性收入,让农民共享发展红利。建议以更大决心推动土地制度改革破冰,促进城乡要素双向流动,真正实现城乡融合发展。

农村重要的增长点是城乡接合部,它们的土地资产具有较大市场价值。这需要深化农村土地制度改革,推动农村土地资源变资产,加速农村土地通过市场方式变现财产性收入,让农村居民能合理分享到土地升值收益。要努力培育内生的乡村工业化体系,完善以土地要素来促进就业的政策支持,鼓励农民以地为本来创业,促进广大农民稳定增收。

四、促进区域横向联动协调

在全国范围促进区域融合发展,既可以扩大市场规模容量,也可以在更大范围内配置资源,有效提升要素使用效率,在区域均衡发展的同时还能支持经济稳定增长。从区域横向联动发展和地区红利溢出视角,推进区域一体化发展还可以做实先富带后富的政策机制,让欠发达地区更好地分享富裕地区的发展红利。而且促进地区间平衡发展有利于资源空间布局和市场高效运转,总体来看,缩小区域差距是做大国内市场、提升经济增长动能的有效办法,也是公平和效率、发展和共享的兼容性政策。

针对区域发展不均衡现状,建议进一步破除阻碍劳动力在区域间等自由流动的制度性障碍,协调区域经济发展、加快经济落后地区经济结构转型升级。同时要打破区域壁垒,推进地区间协作共赢,加大地区间转移支付力度,促进地区间发展机会平等,推进区域平衡协调发展。

在东西协作的基础上,还需要继续完善援助机制,发挥比较优势促进东西合作共赢。要继续从新的区域政策上寻找出路,要把更多优质政策资源向西北地区倾斜。这不仅要做实先富带后富的政策机制,丰富区域间财政横向转移支付的政策细节,尤其是要创新城市群之间、国土片区之间的横向联动发展机制,让欠发达地区更好承接或融入富裕地区的发展红利。

第六节　完善现代税收制度体系

在促进共同富裕框架下,税收制度具有重要的作用,需要对税收问题进行专项讨论。对税收制度的总体框架是,要总体降低宏观税负、提升直接税比重、补充税收制度漏洞,优化再分配政策效果。

一、结构性降低间接税

总体方向上,还是要降低宏观税负,适应结构性减税的大趋势。近年来,为应对经济潜在增速下滑并提高国际竞争力,全球各主要经济体纷纷出台以减税为核心的改革方案,给企业减税降费掀起新一轮的税收国际竞争。[①] 近年来,我国也在大力推进结构性减税,降低企业税收负担以增加企业利润并激发企业投资积极性,降低居民税收负担并促进消费能力。

直接税是调节收入分配格局和促进产业结构优化的重要手段,主要国家都建立了以直接税为主的税制体系,以提高劳动报酬比重、提升再分配效率、引导第三次分配,并保障基本公共服务。直接税的较高占比在保证政府调节能力和促进共同富裕方面具有不可替代的作用。我国直接税比例偏低,而间接税比例偏高,因此在国民税负方面还是要总体性减税,其中降低间接税比重,并稳步提高直接税占比。

---

① 万相昱等:《中国降低企业所得税税负的经济效应评估——基于微观模拟模型的测算》,《学术研究》2020 年第 10 期。

二、推进房地产税立法与改革

除个人所得税外,我国目前几乎没有面向居民的直接税,对居民财产存量的直接调节相对不足。财产税作为现代国家税制结构的重要一环,我国不能出现税收制度的重大缺漏。从完善财产税制角度,建议要尽快推出针对性更强的财产税政策,研究直接税下的累进税制。2021 年 10 月 23 日,全国人民代表大会常务委员会授权国务院在部分地区开展房地产税改革试点工作,为积极稳妥推进房地产税立法与改革迈出坚实一步。

从全体人民共同富裕角度,目前要积极做好房地产税试点工作,加快推进房地产税立法和改革。房产是居民财产的主要来源,也是财产差距扩大的主要原因。少数人积累了高额社会财富,财产性收入也明显分化,从而收入差距和财产差距互为加深。当前主要城市的房价水平很高,这是导致居民财产非平衡增长的重要原因,纯粹资产价格膨胀会放大有产家庭财产,并对中低收入家庭财富产生逆向再分配。建议要加大力度实施房地产长效调节机制,加快房地产税试点进程,降低居民财产中的过高房产比重,通过房地产税引导更多资金投向实业和科技创新。通过房地产税增加住房空置成本,控制资产价格显著上涨,约束由房价膨胀带来不合理的财产差距扩张。

三、适时推出遗产赠与税

习近平总书记提出,"要防止社会阶层固化,畅通向上流动通道,给更多人创造致富机会"[1],而遗产税是优化收入分配、促进社会流动性的

---

[1]　习近平:《扎实推动共同富裕》,《求是》2021 年第 20 期。

良好政策工具。虽然 2000 年前后,有少数国家取消了遗产税,但并未影响绝大多数国家的税制结构和坚持对遗产课税的大趋势,遗产税仍是市场经济国家普遍采用的一种财产税制度。当然开征新税的目的并不是组织财政收入,而是要通过遗产赠与税对很高的财富代际传递进行适当调节。当前"富二代"问题日益成为社会现象,需要从财产税角度进行调节,适时出台遗产赠与税,引导财富多的人自愿慈善捐赠。总体上看,遗产税的征收对象比较少,征收门槛也可以设计得很高,并增加对实业的宽宥,但它仍然可以起到很大的激励引导作用。

遗产税虽然是一种小众税,但可以与第三次分配紧密联系,激励更多富人自愿进行慈善捐赠,有效调节社会贫富差距。总体上看,遗产税是维护市场平等竞争、鼓励后代自强不息的良税,有利于健全税制结构、有利于和房地产调控产生联动效应。从转变增长方式、维护社会公平、缩小贫富差距的需要出发,推进遗产税改革的时机在逐渐成熟。应适时推进遗产和赠与税制度改革,补充个人所得税的不足,发挥财产税收对富有人群的调控作用,并激励支持第三次分配发展。①

四、降低个人所得税劳动税负

部分高收入群体并不主要依靠工薪所得,并在较大程度上能逃避个税征管。建议加快从分类征收转变为综合征收,加强成员综合、收入综合和基本生活费用的综合,进一步完善综合为主、分类为辅,综合与分类相结合的个人所得税制。同时应尽快补充资本交易税,平衡劳动和资本的关系,加强对资本利得和财产性收入征税,强化财产转让、财产租赁、利息

---

① 北京师范大学中国收入分配研究院课题组:《遗产税制度对中国收入分配改革的启示》,《东方早报》2013 年 3 月 17 日。

股息红利、偶然所得等非劳动所得的征缴。[1]

要强化对高收入者的申报管理,进一步推进自行纳税申报工作。强化联动管理,大力推进个人所得税与相关税费的联动管理,建立所得税工资薪金所得总额比对的常态机制,定期开展两处以上取得工资薪金所得的分析审核。[2] 完善高收入者税收风险管理体系建设,对高收入者实施有效的税收风险预警及防范,通过纳税评估和组织专项检查等手段,督促依法应缴税收。[3]

第七节　改善再次分配政策工具

一、促进社保兜底保障

社会保障主要面向中低收入者,也是政府财政支出的主要去向,这种瞄准性较强的公共政策主要是托底作用,并助推共同富裕目标。首先,要扩大社会保障覆盖面,建立覆盖城乡所有劳动者的社会保障体系,特别是对养老保险、医疗保障应实现全民覆盖,改变当前不同人群所享有的社会保障制度差异。其次,要提高保障标准,建立与经济发展水平相适应的、覆盖全国的多层次社会保障体系,提高低收入人群的保障水平,稳定低保标准与经济增长的挂钩机制。最后,要增强社会保障内部均等性,缩小人群间和城乡间差距。加大农村社会保障制度投入,增强内部受益均等性,逐步建立起统一的保障标准。

---

① 万海远:《个税改革不仅为了稳增长》,《南风窗》2015 年 10 月。
② 万海远:《个税改革不仅为了稳增长》,《南风窗》2015 年 10 月。
③ 张宇燕:《什么影响了经济周期》,《新华月报》2015 年第 14 期。

要大力推进养老和医疗保险城乡统筹发展。加快在全国层面推动城镇居民医疗保险和新农合并轨,城乡居民医疗保险面向农村居民和城镇非正规就业居民,要以省为单位实施统一的医疗保险政策。循序渐进地提高社保基金统筹层次,巩固职工养老保险省级统筹成果,加快推进基础养老金全国统筹,在全国范围内逐步统一单位缴费费率。加大统筹协调力度,加强社保在地区之间的转续衔接,增加对落后地区的转移支付,缩小低保标准的地区间差异,发挥低保制度的兜底作用。

二、强化基本公共服务均等化

随着经济发展水平的提高,随着人民对共享富裕的诉求日益提升,有必要显著提高各级公共服务水平,从各个维度增加居民的实际获得感。建议要把基本公共服务支出占 GDP 的比重作为一个政策目标来提出。

要继续改善公共服务供应机制,适度提高公共教育、医疗卫生等基本公共服务标准,增强基本公共服务供给效率。进一步清理城乡隔离的户籍管理制度,取消附着在户口之上的就业准入和社会福利差别,促进劳动力在不同行业、所有制单位之间流动。

清理针对农民工的各种歧视政策,解决农村转移人口在城市安家落户和获得基本公共服务的市民待遇,防范农民工失业返乡带来的收入增长中断。加快农民进城落户,提供应有的基本公共服务,给农民工同城镇居民一样的地位和权利,实现基本公共服务均等化。把新市民的生产生活纳入城市发展规划并提供必要的基本公共服务,促进新市民更好地融入城市。

三、增加民生支出力度

在市场经济条件下,财政职能应更多地转向民生领域,并为基本公共服务均等化提供保障。重点在于增加农村地区、落后地区的公共建设投入,缩小城乡之间、地区之间由于财政收入差异而造成的公共服务差异。[①] 进一步提高财政资金使用效益,更多地将财政资金用于保障和改善民生,更多地向欠发达地区、薄弱环节和关键领域倾斜。

在政府支出结构上,财力适当向收入再分配倾斜,更多地瞄准基础教育、医疗卫生、社会救助等公共服务与社会保护。加大社会保障和就业等民生领域的支出,增加对农村和落后地区的教育和医疗投入,进一步提高医疗救助、社会保险等方面的保障力度,使在"提低"方面具有坚实的财力保障。倾斜性增加与民生紧密相关的各种支出,尽可能安排对低收入人群的转移性支出,逐渐提高社会保障支出占财政支出的比重。

四、提升底线富裕标准

从底线思维角度出发,如果人人都享有相对较高的最低富裕标准,那么相对收入差距的重要性就会下降。下一步需要明晰底线富裕应该包含的民生保障内涵,明确基本的底线富裕标准。建议进一步健全适度普惠的社会福利政策,做到农村"五保"和城镇"三无"老人全覆盖,将完全失能的低收入老年人全部纳入社会福利供养体系。将适度普惠范围逐步扩

---

① 王芸:《关于收入分配体制改革的探讨》,《商业文化(学术版)》2008 年第 2 期。

大到其他老年人群。合理确定集中供养与分散供养比例,鼓励对居家失能老年人及主要照料人发放专项补贴,对购买家庭保健和家政服务等进行补助等。[1]

建议进一步扩大居民享有的福利范围,提升全体人民获得的底线保障标准。进一步增强对特殊困难群体的倾斜,完善低保标准动态调整机制,落实社会救助标准与物价上涨挂钩的联动机制,强化低保与专项救助标准联动、社会救助与社会保险及慈善事业衔接的制度安排。建立与城乡低保、儿童福利等标准联动的家庭供养标准调整机制。将低保边缘群体、符合条件的常住人口纳入专项救助范围,提升职业病和重特大疾病医疗救助、职业教育和高等教育救助标准。

第八节　用好自愿性第三次分配

一、支持以自愿为前提的第三次分配

税收制度对促进第三次分配和社会慈善组织发展有明显作用,在第三次分配手段发展较好的国家,税收减免制度为私人财富流向慈善领域提供了动力,并成为社会再分配的重要渠道以及完善社会保障的民间支柱。不同国家普遍有累进税,通过税收优惠的政策设计,建立慈善基金会或捐助善款可以获得税收减免。因此,税收能够鼓励中高收入人群和企业家更多地回报社会,激励促进更多人自愿地进行慈善捐赠。

---

[1]　顾严:《人口老龄化从阶段性应急到常态化治理》,《宏观经济管理》2015 年第 10 期。

遗产税制度有利于促使财富转向实业,尤其是可以通过遗产税对实业资产进行优惠,引导这些资金投入生产和公益发展上来。这对财富的积累、利用、传承都会产生重要影响,并且使经济生活与人们的行为观念发生改变,因此建议完善税收优惠方式,在充分尊重个体自愿的前提下,以政策工具引导、支持与促进第三次分配发展。[①]

二、规范企业财富合理转移

近期有鼓吹第三次分配的现象,刚开始在政策信号阐释还不够清楚的情况下,就唤起一些人对相关措施的担忧,个别企业仓促出台象征性的表态措施。同时,过去几十年经济高速发展背后也积累了一些社会矛盾,在共同富裕成为新时期国家重大战略后,一些人也借此表达相关现实诉求,甚至个别人士利用第三次分配来组织相关投资活动,这在一定程度上混淆了相关政策的侧重点。

另外,个别企业有可能存在不太合规的情况,在提出共同富裕目标后就借此转移资金,以共享发展、扶持困难群众的名义变相达到资金合法化的目的。在共同富裕成为全社会焦点时,一些人士看到里面的商机,就出现率先抢注商标现象,投机取巧抢占制高点。而且还存在个别以家族基金会、慈善基金会、公募基金会等名义转移资金的情况,以海外捐赠促进共同富裕的名义转移财富。对此,我们应高度重视,积极正面宣传引导,防范以共同富裕名义转移资金,避免成为资金外流的新通道。

---

① 北京师范大学中国收入分配研究院课题组:《遗产税制度对中国收入分配改革的启示》,《东方早报》2013 年 3 月 17 日。

三、引导自愿参与第三次分配

在经历四十多年的经济高速增长后,部分居民积累了较多的社会财富,有能力也有意愿提供更多的志愿捐赠。在提出规范完善第三次分配后,很多企业家或高净值群体自愿提出捐赠需求。在这种情况下,应引导企业家合理有序捐赠。尤其是,社会组织要分门别类地明确捐赠资金去处,让企业家放心捐赠,并把资金真正用到有需要的人群上去,发挥企业家自愿捐赠的最大作用。

在社会各界捐赠意愿被激发后,民间慈善组织也需要收集整理各地区各领域的项目需求,按照整体性、基础性、迫切性归类,根据情况制定各领域捐赠需求的重点清单,明确具体领域、项目内容、所需资金等信息,引导社会有针对性地自愿捐赠合作。对一些资金需求较大、有明确指向用处的,民间慈善组织还可以公开向社会提出资金募集公告,分批分层以揭榜挂帅的名义来逐一确定。

四、规范建立自愿性平衡互助基金

在明确提出要完善第三次分配体系后,近期相关企业积极参与并兴起了不同层面的基金,但仔细梳理后发现,个别企业把员工基本福利、企业普通业务等都纳入共同富裕的范畴,存在一定泛化倾向。因此,需要积极引导,明确慈善捐赠必须是企业自愿参与的行为,不是国家层面的统一要求。而且,相关发展基金不是企业日常的经营行为,是企业家为践行社会责任、实现个体捐赠目的、体现企业家公益精神的自愿性行为。公益志愿或慈善捐赠主要面向社会,不是政府强制的。

考虑到我国慈善捐赠的明显需求及大量资金去向,建议以自愿为前提,进一步完善横向扁平化、自愿化、民间化的行业性组织。前期相关人员可以自愿统筹相关信息,负责重点领域捐赠需求及相关项目、负责相关信息收集与协调,从而引导大家发挥自身优势自愿参与全国"一盘棋"的共同富裕,并通过互帮互助帮助更多人,如鼓励建立养老院和爱心医院等,并以社会自愿行动助推全体人民共同富裕。

图表索引

图 索 引

表 索 引

参考文献

1. ［德］扬-维尔纳·米勒（Jan-Werner Müller）:《什么是民粹主义》,钱静远译,译林出版社 2020 年版。

2. ［美］弗朗西斯·福山:《政治秩序与政治衰败》,毛俊杰译,广西师范大学出版社 2015 年版。

3. ［英］吉登斯·安东尼:《第三条道路——社会民主主义的复兴》,郑戈等译,北京大学出版社 2000 年版。

4. 巴曙松:《在新的全球环境下重新思考财富分配——主持翻译〈21 世纪资本论〉中文版的一点思考》,《国际经济评论》2014 年第 11 期。

5. 北京师范大学中国收入分配研究院课题组:《遗产税制度对中国收入分配改革的启示》,《东方早报》2013 年 3 月 17 日。

6. 蔡昉:《创造与保护:为什么需要更多的再分配》,《世界经济与政治》2020 年第 1 期。

7. 蔡昉:《扩大中等收入群体面向的重点人群》,《北京日报》2021 年 2 月 1 日。

8. 蔡昉:《认识把握人口形势带来的机遇与挑战》,《经济日报》2021 年 5 月 21 日。

9. 蔡昉:《实现共同富裕必须努力扩大中等收入群体》,《经济日报》2020 年 12 月 7 日。

10. 蔡继明:《城乡融合是解决发展不平衡不充分的必由之路》,《中国经济时报》2021 年 7 月 20 日。

11. 蔡万焕、张成:《特朗普减税:新自由主义的又一次实践》,《马克思主义与现实》2018 年第 5 期。

12. 陈丽君、郁建兴、徐铱娜:《共同富裕指数模型的构建》,《治理研究》2021 年第 4 期。

13. 陈锡文:《乡村振兴要发挥乡村特有的功能》,《乡村振兴》2021 年第 1 期。

14. 陈宗胜、杨希雷:《缩小城乡差别是"十四五"时期社会发展的关键任务》,《中国经济评论》2021 年第 1 期。

15. 陈宗胜、杨希雷:《扎实推进全体人民共同富裕》,《中国社会科学报》2021 年 6 月 29 日。

16. 崔超:《发展新型集体经济:全面推进乡村振兴的路径选择》,《马克思主义研究》2021 年第 2 期。

17. 德国联邦经济事务和能源部, *Jahresbericht der Bundesregierung zum Stand der Deutschen Einheit* 2020, https://www. bmwi. de/Redaktion/DE/Publikationen/Neue - Laender/2021-jahresbericht-der-bundesregierung-zum-stand-der-deutschen-einheit-jbde. html。

18. 德国联邦统计局,www.destatis.de。

19.《邓小平文选》第三卷,人民出版社 1993 年版。

20. 董全瑞:《共同富裕:分歧、标准与着力点》,《经济学家》2001 年第 4 期。

21. 范根平:《乡村振兴的理论逻辑起点、价值意义及实现路径》,《长春师范大学学报》2020 年第 3 期。

22. 高培勇:《中国政府与市场之间关系的重大变化》,《企业管理》2021 年第 7 期。

23. 龚六堂:《缩小居民收入差距 推进共同富裕的若干政策建议》,《国家治理》2020 年第 46 期。

24. 顾严:《人口老龄化从阶段性应急到常态化治理》,《宏观经济管理》2015 年第 10 期。

25. 郭斯兰:《找准省域层面推动共同富裕的着力点和突破口》,《浙江经济》2021 年第 5 期。

26. 郭威、王声啸、张琳:《改革开放以来我国公平观与效率观的政治经济学分析》,《经济学家》2018 年第 10 期。

27. 国家发展和改革委员会就业和收入分配司、北京师范大学中国收入分配研究院:《中国居民收入分配年度报告 2015》,中国财政经济出版社 2015 年版。

28. 国家统计局:《中国住户调查主要数据 2020》,中国统计出版社 2020 年版。

29. 韩保江、邹一南:《中国经济共享发展评价指数研究》,《行政管理改革》2020 年第 7 期。

30. 韩文龙、祝顺莲:《地区间横向带动:实现共同富裕的重要途径——制度优势的体现与国家治理的现代化》,《西部论坛》2020 年第 30 期。

31. 韩永文:《构建供给结构与需求结构动态性相适应的长效机制》,《全球化》2017 年第 10 期。

32. 何宗樾、张勋、万广华:《数字金融、数字鸿沟与多维贫困》,《统计研究》2020 年第

10 期。

33. 洪大用：《扎实推动新时代共同富裕的新议题》，《社会治理》2021 年第 2 期。

34. 胡祖才：《推进以人为核心的新型城镇化》，《旗帜》2021 年第 1 期。

35. 黄群慧、刘学良：《新发展阶段中国经济发展关键节点的判断和认识》，《经济学动态》2021 年第 2 期。

36. 黄有璋：《改革开放以来效率与公平关系演变的历史考察及启示》，《广西社会科学》2017 年第 10 期。

37. 黄征学、潘彪、滕飞：《建立低收入群体长效增收机制的着力点、路径与建议》，《经济纵横》2021 年第 2 期。

38. 黄祖辉：《没有集体经济，农村人居环境改善只能是"等靠要"》，《中国经济导报》2014 年 6 月 21 日。

39. 姬旭辉：《从"共同富裕"到"全面小康"——中国共产党关于收入分配的理论演进与实践历程》，《当代经济研究》2020 年第 9 期。

40. 贾康、程瑜、于长革：《优化收入分配的认知框架、思路、原则与建议》，《财贸经济》2018 年第 2 期。

41. 贾康：《共同富裕与全面小康：考察及前瞻》，《学习与探索》2020 年第 4 期。

42. 贾若祥：《共同富裕的内涵特征和推进重点》，《中国发展观察》2021 年第 12 期。

43. 姜长云：《日本的"六次产业化"与我国推进农村一二三产业融合发展》，《农业经济与管理》2015 年第 3 期。

44. 蒋永穆、豆小磊：《中国共产党对共同富裕的追求与探索》，《中国社会科学报》2021 年 7 月 7 日。

45. 蒋永穆、谢强：《扎实推动共同富裕：逻辑理路与实现路径》，《经济纵横》2021 年第 4 期。

46. 焦帅涛、孙秋碧：《我国数字经济发展测度及其影响因素研究》，《调研世界》2021 年第 7 期。

47. 金维刚：《社会保险从广覆盖向全覆盖转变》，《经济日报》2021 年 6 月 30 日。

48. 康奈尔大学、欧洲工商管理学院和世界知识产权组织：《2020 年全球创新指数：谁为创新出资》，伊萨卡、枫丹白露和日内瓦，2020 年 12 月。

49. 克劳斯·彼得森：《为福利而增长还是为增长而福利？北欧国家经济发展和社会保障之间的动态关系》，《社会保障评论》2019 年第 7 期。

50. 李金昌、史龙梅、徐蔼婷：《高质量发展评价指标体系探讨》，《统计研究》2019 年第 1 期。

51. 李景治：《共同富裕是中国特色社会主义现代化建设的根本奋斗目标》，《党政研究》2021 年第 1 期。

52. 李娟：《全面把握共同富裕的内涵》，《理论探索》2007 年第 4 期。

53. 李培林：《怎样界定中等收入群体更准确》，《经济研究信息》2017 年第 7 期。

54. 李实、李婷：《库兹涅茨假说可以解释中国的收入差距变化吗》，《经济理论与经济管理》2010 年第 3 期。

55. 李实、万海远：《〈21 世纪的资本〉与中国》，《东方早报》2014 年 6 月 10 日。

56. 李实、万海远：《对当前中国劳动力成本的基本判断》，*China Economist*，2017 年第 1 期。

57. 李实、万海远：《劳动力市场培育与中等收入陷阱——评〈中国劳动力市场发展报告 2011—2013〉》，《经济研究》2014 年第 4 期。

58. 李实、万海远：《有效管控财产差距扩大风险》，《中国社会科学报》2017 年 6 月 28 日。

59. 李实、万海远：《中国收入分配演变 40 年》，格致出版社 2018 年版。

60. 李实、赵人伟：《中国居民收入分配再研究》，《经济研究》1999 年第 4 期。

61. 李实：《从全面小康走向共同富裕的着力点》，《中国党政干部论坛》2020 年第 2 期。

62. 李实：《共同富裕：目标之下改革如何推进》，《新京报》2021 年 9 月 1 日。

63. 李实：《共同富裕不让任何一个人掉队》，《浙江日报》2021 年 5 月 24 日。

64. 李实：《中国个人收入分配研究回顾与展望》，《经济学季刊》2003 年第 2 卷第 2 期。

65. 李伟：《高质量发展有六大内涵》，《人民日报》2018 年 1 月 22 日。

66. 李迅雷：《迈向共同富裕共识下的投资思考》，《房地产导刊》2020 年第 12 期。

67. 李周等：《加快推进农业农村现代化："三农"专家深度解读中共中央一号文件精神》，《中国农村经济》2021 年第 4 期。

68. 梁誉、王磊：《现代西方社会福利思潮的思辨与最新进展》，《理论月刊》2015 年第 1 期。

69. 林闽钢：《现代西方社会福利思想——流派与名家》，中国劳动社会保障出版社 2012 年版。

70. 林闽钢：《走向社会服务国家：全球视野与中国改革》，中国社会科学出版社 2020 年版。

71. 刘尚希：《"十四五"税制改革的整体思考》，《中国财经报》2021 年 6 月 1 日。

72. 刘尚希：《促进共同富裕应全面融入人的现代化过程之中》，《中国经济时报》2021 年 8 月 6 日。

73. 刘尚希:《分配制度改革应从收入、财产和消费三个层面入手》,《中国财政》2013年第 9 期。

74. 刘志彪:《苏南新集体经济的崛起:途径、特征与发展方向》,《南京大学学报》2016年第 3 期。

75. 楼继伟:《面向 2035 的财政改革与发展》,《财政研究》2021 年第 1 期。

76. 鲁珊:《"共同富裕"不是西方高福利政策的"中国版"》,《长江日报》2020 年 11月 28 日。

77. 马颖:《德国的财政平衡与区域经济均衡发展》,《经济评论》1996 年第 6 期。

78. 莫炳坤、李资源:《十八大以来党对共同富裕的新探索及十九大的新要求》,《探索》2017 年第 6 期。

79. 倪鹏飞:《中国城市群崛起将重塑全球经济地理》,《经济参考报》2021 年 3 月23 日。

80. 欧晓理:《健全基本公共服务体系 完善共建共治共享的社会治理制度 扎实推动共同富裕》,《社会治理》2020 年第 12 期。

81. 潘文轩:《构建扎实推动共同富裕的有效机制》,《学习时报》2020 年 12 月 30 日。

82. 秦刚:《实现共同富裕:中国特色社会主义的实践探索和历史进程》,《人民论坛·学术前沿》2021 年第 7 期。

83. 青连斌:《扎实推动共同富裕取得更为明显的实质性进展》,《中国党政干部论坛》2021 年第 2 期。

84. 邵培仁、张健康:《关于跨越中国数字鸿沟的思考与对策》,《浙江大学学报(人文社会科学版)》2003 年第 1 期。

85. 申萌、万海远、李凯杰:《从"投资拉动"到"创新驱动":经济增长方式转变的内生动力和转型冲击》,《统计研究》2019 年第 3 期。

86. 沈君克:《欧洲主权债务危机原因分析》,《经济师》2012 年第 2 期。

87. 盛来运等:《我国经济发展南北差距扩大的原因分析》,《管理世界》2018 年第 9 期。

88. 宋晓梧:《地方政府公司化研究》,中国财富出版社 2014 年版。

89. 宋晓梧:《深化收入分配改革,促进国内经济循环》,《经济与管理研究》2021 年第 2 期。

90. 宋晓梧:《新常态下完善社会保障体系的六大问题》,《社会科学报》2016 年 8 月25 日。

91. 宋晓梧:《新中国社会保障和民生发展 70 年》,人民出版社 2019 年版。

92. 宋晓梅、王新梅:《职工基本养老保险个人账户占比不宜提高——与周小川先生商榷》,《社会保障评论》2000 年第 3 期。

93. 宋晓梧等:《不平等挑战中国:收入分配的思考与讨论》,社会科学文献出版社 2013 年版。

94. 孙久文、李方方、张静:《巩固拓展脱贫攻坚成果　加快落后地区乡村振兴》,《西北师大学报(社会科学版)》2021 年第 3 期。

95. 孙久文、张皓:《新发展格局下中国区域差距演变与协调发展研究》,《经济学家》2021 年第 7 期。

96. 孙久文:《区域协调发展与全面建成小康社会和全面建设社会主义现代化国家》,《党的文献》2021 年第 1 期。

97. 覃成林、杨霞:《先富地区带动了其他地区共同富裕吗?——基于空间外溢效应的分析》,《中国工业经济》2017 年第 10 期。

98. 檀学文:《走向共同富裕的解决相对贫困思路研究》,《中国农村经济》2020 年第 6 期。

99. 万海远、陈基平、王盈斐:《中国南北工资差距的新变化及市场化成因》,《中国人口科学》2021 年第 4 期。

100. 万海远、陈基平:《共享发展的理论评价与应用》,《财贸经济》2021 年第 11 期。

101. 万海远、陈基平:《共享发展的全球比较与共同富裕的中国路径》,《财政研究》2021 年第 11 期。

102. 万海远、李实、卢云鹤:《全民基本收入理论与政策评介》,《经济学动态》2020 年第 1 期。

103. 万海远、李实:《收入差距倒 U 型假说质疑》,《中国社会科学报》2015 年 3 月 16 日。

104. 万海远:《个税改革不仅为了稳增长》,《南风窗》2015 年第 21 期。

105. 万海远:《强化再分配政策对收入差距的调节功能》,《中国党政干部论坛》2019 年第 2 期。

106. 万海远:《实现全体人民共同富裕的现代化》,《中国党政干部论坛》2020 年第 12 期。

107. 万海远:《增强调节力度　缩小收入差距》,《中国劳动保障报》2019 年 6 月 12 日。

108. 万海远:《扎实推进共同富裕的若干理论问题》,《东南学术》2022 年第 1 期。

109. 万相昱等:《中国降低企业所得税税负的经济效应评估——基于微观模拟模型的测算》,《学术研究》2020 年第 10 期。

110. 王宾、杨霞:《如何理解贯彻〈乡村振兴促进法〉对农村集体经济组织的要求》,

《中国农业会计》2021 年第 8 期。

111. 王大伟、孔翠芳、徐勤贤：《中国百年城乡关系：从农村包围城市到城乡融合发展——正确处理城乡关系是中国共产党的重要制胜法宝》，《区域经济评论》2021 年第 31 期。

112. 王丹丹、单志广、唐斯斯：《我国产业数字化的"五大风险"和"五大对策"》，《中国经贸导刊》2021 年第 1 期。

113. 王继源：《推动共同富裕的主要思路与时代愿景》，《中国发展观察》2021 年第 12 期。

114. 王坚红：《德国学者谈欧洲"第三条道路"》，《唯实》2000 年第 1 期。

115. 王军：《因与果——希腊主权债务危机的政治经济学思考》，《红旗文稿》2013 年第 4 期。

116. 王若磊：《完整准确全面理解共同富裕内涵与要求》，《人民论坛·学术前沿》2021 年第 6 期。

117. 王小鲁：《改革之路：我们的四十年》，社会科学文献出版社 2019 年版。

118. 王与君：《析共同富裕的两个基本条件》，《经济学家》1999 年第 2 期。

119. 王远：《吉登斯社会福利思想的理论基础》，《人文杂志》2016 年第 8 期。

120. 王芸：《关于收入分配体制改革的探讨》，《商业文化（学术版）》2008 年第 2 期。

121. 魏后凯：《从全面小康迈向共同富裕的战略选择》，《经济社会体制比较》2020 年第 6 期。

122. 习近平：《把握新发展阶段，贯彻新发展理念，构建新发展格局》，《求是》2021 年第 9 期。

123. 习近平：《扎实推动共同富裕》，《求是》2021 年第 20 期。

124. 席恒：《融入与共享：新业态从业人员社会保险实现路径》，《社会科学》2021 年第 6 期。

125. 肖淙文：《数字乡村建设为共同富裕注入新动能》，《浙江日报》2021 年 5 月 23 日。

126. 歆远：《推动共同富裕应重点关注农民工群体》，《第一财经日报》2021 年 3 月 11 日。

127. 熊长文：《浅析蓝海战略思想在解决希腊债务危机中的应用》，《经营管理者》2012 年第 13 期。

128. 徐静、蔡萌、岳希明：《政府补贴的收入再分配效应》，《中国社会科学》2018 年第 10 期。

129. 许宪春、郑正喜、张钟文：《中国平衡发展状况及对策研究——基于"清华大学中国平衡发展指数"的综合分析》,《管理世界》2019 年第 5 期。

130. 许宪春:《中国南北平衡发展差距研究——基于"中国平衡发展指数"的综合分析》,《中国工业经济》2021 年第 2 期。

131. 杨良初:《社会保险制度可持续性研究的几个问题》,《财政科学》2020 年第 5 期。

132. 杨修娜、万海远、李实:《我国中等收入群体比重及其特征》,《北京工商大学学报》2018 年第 11 期。

133. 姚洋:《发展经济学》,北京大学出版社 2013 年版。

134. 叶兴庆:《迈向 2035 年的中国乡村:愿景、挑战与策略》,《管理世界》2021 年第 4 期。

135. 于慧颖:《深刻理解共享发展理念》,《吉林日报》2016 年 6 月 18 日。

136. 于培伟:《日本统筹城乡共同发展的经验值得借鉴》,《国际商报》2007 年 4 月 10 日。

137. 郁建兴、吴结兵:《数字化改革赋能未来社区治理》,《浙江经济》2021 年第 6 期。

138. 袁家军:《扎实推动高质量发展建设共同富裕示范区》,《人民日报》2021 年 7 月 9 日。

139. 袁家军:《忠实践行"八八战略"奋力打造"重要窗口"扎实推动高质量发展建设共同富裕示范区》,《浙江日报》2021 年 7 月 19。

140. 张车伟、蔡翼飞、董倩倩:《日本"国民收入倍增计划"及其对中国的启示》,《经济学动态》2010 年第 10 期。

141. 张峰:《共同富裕取得更为明显的实质性进展:新的庄严承诺》,《人民论坛·学术前沿》2020 年第 24 期。

142. 张慧君:《资本主导与当代西方经济社会困境》,《理论动态》2017 年第 21 期。

143. 张贤萍、邱月华:《新时代分配公平的税制优化路径研究》,《税收经济研究》2021 年第 1 期。

144. 张永红:《马克思的休闲观及其当代价值研究》,中南大学 2010 年博士学位论文。

145. 张宇燕:《什么影响了经济周期》,《新华月报》2015 年第 14 期。

146. 张月友、刘志彪:《在生产端高质量发展中促进共同富裕》,《长江产经智库》2021 年 8 月 18 日。

147. 郑秉文:《多点试错与顶层设计:中国社保改革的基本取向和原则》,《中国经济报告》2016 年第 2 期。

148. 郑功成:《面向 2035 年的中国特色社会保障体系建设——基于目标导向的理论

思考与政策建议》,《社会保障评论》2021 年第 1 期。

149. 郑功成等:《从战略高度完善我国社会保障体系——学习习近平总书记关于完善社保体系重要讲话精神》,《社会保障评论》2021 年第 2 期。

150. 郑志国:《共同富裕的制度设计与安排》,《马克思主义研究》2015 年第 9 期。

151. 郑志国:《在新时代坚持和发展基本经济制度》,《深圳特区报》2018 年 9 月 11 日。

152. 周放生:《集体企业改革的路径选择》,《上海国资》2005 年第 10 期。

153. 周弘:《福利国家向何处去》,《中国社会科学》2001 年第 3 期。

154. 周天勇:《农村土地市场化改革拉动增长潜能大》,《经济参考报》2020 年 11 月 17 日。

155. 周天勇:《中国:理想经济增长》,格致出版社 2020 年版。

156. 朱青:《论"新发展格局"下的财税改革》,《财贸经济》2021 年第 5 期。

157. 卓勇良:《确立收入增长快于经济增长的方针》,《浙江经济》2019 年第 5 期。

158. 邹东涛:《也要深化对剩余价值理论的认识》,《天津社会科学》2002 年第 3 期。

159. Abu-Badera S., Ianchovichinab E., "Polarization, Foreign Military Intervention, and Civil Conflict", *Journal of Development Economics*, Vol.141, p.102248, 2019.

160. Ahluwalia M. S., "Icome Distribution and Development: Some Stylized Facts", *American Economic Review*, Vol.66, No.2, 1976.

161. Alesina A., Perotti R., "Income Distribution, Political Instability, and Investment", *European Economic Review*, Vol.40, No.6, 1996.

162. Ali I., Son H., "Measuring Inclusive Growth", *Asian Development Review*, Vol.24, No.1, 2007.

163. Alkire S., Foster J. E., "Counting and Multidimensional Poverty Measurement", *Journal of Public Economics*, Vol.95, No.7, 2011.

164. Anand R., Mishra M. S., Peiris M. S. J, "Inclusive Growth: Measurement and Determinants", IMF Working Paper, No.13/135, 2013.

165. Autor D., et al., "Trade Adjustment: Worker-level Evidence", *Quarterly Journal of Economics*, Vol.129, No.4, 2014.

166. Baldwin P., "The Past Rise of Social Security: Historical Trends and Patterns", In Giersch, H.(ed.), *Reforming the Welfare State*, Springer Science & Business Media, 1997.

167. Barro R.J., "Inequality and Growth in a Panel of Countries", *Journal of Economic Growth*, Vol.5, No.1, 2000.

168. Basu Kaushik, "On the Goals of Development", in Gerald Meier and Joseph Stiglitz

(eds.), *Frontiers of Development Economics: The Future in Perspective*, New York: Oxford University Press, 2000.

169. Berg A., Ostry J.D., Tsangarides C.G., Yakhshilikov Y., "Redistribution, Inequality, and Growth: New Evidence", *Journal of Economic Growth*, Vol.23, No.3, 2018.

170. Bernanke B.S., Gurkaynak R.S., "Is Growth Exogenous? Taking Mankiw, Romer, and Weil Seriously", *NBER/Macroeconomics Annual*, Vol.16, No.1, 2001.

171. Chakravarty S. R., " A Reconsideration of the Tradeoffs in the New Human Development Index", *Journal of Economic Inequality*, Vol.9, No.3, 2011.

172. Deaton A., " *The Analysis of Household Surveys: A Microeconometric Approach to Development Policy*", The World Bank, 1997.

173. Deininger K., Squire L., "A New Data Set Measuring Income Inequality", *World Bank Economic Review*, 1996, Vol.10, No.3.

174. Devarajan S., Ianchovichina E., "A Broken Social Contract, Not High Inequality, Led to the Arab Spring February", *Review of Income and Wealth*, Vol.64, 2018.

175. Dornbusch R., *Macroeconomics* (Eighth edition), McGraw-Hill Education, 2001.

176. Esping-Andersen G., et al., *Why We Need a New Welfare State*, Oxford University Press, 2002.

177. Ferreira F.H.G., Galasso E., Negre M., "Shared Prosperity: Concepts, Data, and Some Policy Examples", *Economics and Finance*, March 2021.

178. Freeman R.B., Swedenborg B., Topel R.H., *Reforming the Welfare State: Recovery and beyond in Sweden*, University of Chicago Press, 2010.

179. Haushoffer J., Shapiro J., "The Short-term Impact of Unconditional Cash Transfers to the Poor: Experimental Evidence from Kenya", *Quarterly Journal of Economics*, Vol. 131, No.4, 2016.

180. Heckman J., "Policies to Foster Human Capital", *Research in Economics*, Vol.54, No.1, 2000.

181. Klugman J., Rodríguez F., Choi H. J., " The HDI 2010: New Controversies, Old Critiques", *Journal of Economic Inequality*, Vol.9, No.2, 2011.

182. Knight J., Li S., Wan H., "Why has China's Inequality of Household Wealth Risen Rapidly in the Twenty-First Century", *Review of Income and Wealth*, March 2, 2021.

183. Kuznets S., "Economic Growth and Income Inequality", *American Economic Review*, Vol.45, No.1, 1955.

184. Lakner C., Negre M., Prydz E.B., "Twinning the Goals: How can Promoting Shared

Prosperity Help to Reduce Global Poverty", World Bank Policy Research Working Paper, No.7106, 2014.

185. Lansley S., Reed H., "Basic Income for All: From Desirability to Feasibility", 2019, https://www.compassonline.org.uk/publications/basic-income-for-all-from-desirability-to-feasibility/(2020-01).

186. Lewis W.A., "Economic Development with Unlimited Supplies of Labour", *Manchester School of Economic and Social Studies*, Vol.22, No.2, 1954.

187. Li H., Zou H., "Income Inequality is Not Harmful for Growth: Theory and Evidence", *Review of Development Economics*, Vol.2, No.3 1998.

188. OECD, "Income Distribution Database", https://stats.oecd.org/viewhtml.aspx?datasetcode=IDD&lang=en.

189. Oxfam House, *Inequal Virus*, Cowley, Oxford University Press, Febuary, 2021.

190. Piketty T., Saez E., Zucman G., "Distributional National Accounts: Methods and Estimates for the United States", *Quarterly Journal of Economics*, Vol.133, No.2, 2018.

191. Piketty T., *Capital and Ideology*, Harvard University Press, 2020.

192. Piketty T., Zucman G., "Capital is Back: Wealth-income Ratios in Rich Countries 1700—2010", *Quarterly Journal of Economics*, Vol.129, No.3, 2014.

193. Piketty T., Yang L., Zucman G., "Capital Accumulation, Private Property and Rising Inequality in China, 1978—2015", *American Economic Review*, Vol.109, No.7, 2019.

194. Piketty T., Alvaredo F., Garbinti B., "On the Share of Inheritance in Aggregate Wealth: Europe and the USA, 1900—2010", *Economica*, Vol.84, 2017.

195. Piketty T., *Capital in the Twenty-First Century*, Cambridge, Massachusetts, Harvard University Press, 2014.

196. Rallion M., "Troubling Tradeoffs in the Human Development Index", *Journal of Development Economics*, Vol.99, No.2, 2012.

197. Ravallion M., "The Human Development Index: A Response to Klugman, Rodriguez and Choi", *Journal of Economic Inequality*, Vol.9, No.3, 2011.

198. Ravallion M., "Good and Bad Growth: The Human Development Reports", *World Development*, Vol.25, No.5, 1997.

199. Ravallion M., Chen S., "China's (Uneven) Progress Against Poverty", *Journal of Development Economics*, Vol.82, No.1, 2007.

200. Ravallion M., "Mashup Indices of Development", *World Bank Research Observer*, Vol.27, No.1, 2012.

201. Ritter G.A., Deveson R., "The Price of German Unity: Reunification and the Crisis of the Welfare State", *English Historical Review*, March 22, 2012.

202. Rosenblatt D., McGavock T. J., "A Note on the Simple Algebra of the Shared Prosperity Indicator", World Bank Working Paper, No.6645, 2013.

203. Sen A., Miletzki J., *Development as Freedom*, Oxford: Oxford University Press, 1999.

204. Shorrocks A. F., "Inequality Decomposition by Factor Components", *Econometrica*, 1982.

205. Standing G., *Basic Income: And How We Can Make it Happen*, Penguin Books, 2017.

206. Stiglitz J., *The Price of Inequality: How Today's Divided Society Endangers Our Future*, New York: WW Norton and Company, 2012.

207. Tzortzis D., "Understanding Greek Unemployment: Is Greece's Nightmare Over?", Senior Projects Spring 2019, https://digitalcommons.bard.edu/senproj_s2019/99.

208. United Nations Development Programme(UNDP), *Human Development Report*, Oxford University Press, New York, 1990.

209. Van Parijs P., Vanderborght Y., *Basic Income: A Radical Proposal for a Free Society and a Sane Economy*, Harvard University Press, 2017.

210. Walker J.R., Aronsson T., *Labor Supply, Tax Base, and Public Policy in Sweden*, In *Reforming the Welfare State*, University of Chicago Press, 2010.

211. Wan H., Clementi F., "The Long-Term Evolution of Income Polarization in China, 1995—2018", *Journal of Development Studies*, June 20, 2021.

212. World Bank, *Poverty and Shared Prosperity* 2020: *Reversals of Fortune*, Washington: World Bank Publications, 2020.

213. Zucman G., *The Hidden Wealth of Nations*, University of Chicago Press, 2015.

214. Zucman G., Alstadsæter A., Johannesen N., "Tax Evasion and Inequality", *American Economic Review*, Vol.109, No.6, 2019.

215. Zucman G., Alstadsæter A., Johannesen N., "Who Owns the Wealth in Tax Havens? Macro Evidence and Implications for Global Inequality", *Journal of Public Economics*, Vol.162, 2018.

后　　记

　　在全世界范围内,过去几十年共享发展问题远离经济学和大众的核心关注视野。但自 2008 年国际金融危机之后,各国兴起了对全球化、数字化和技术进步的深刻反思,尤其是之后资本强势带来新一轮收入差距扩大的趋势,使社会矛盾和不平等问题日益突出,引起全球范围内的社会运动、政权更迭和暴力革命。在今天人类财富无比快速激增的当下,西方社会不稳定风险反倒可能超越之前世纪,这背后的根本性思潮和运动力量实际上都与不平等或社会流动性固化有很大关系,因此,近年来关于共享发展的话题再次成为经济学与各国经济关注的核心。

　　作为长期关注共同富裕问题的研究人员,我曾分析了我国收入分配的历史形成、现实情况和关键问题,也以不同方式参与过收入分配政策的研究与讨论,真切感受到共同富裕不仅是收入增长及其差异那么简单,也不是通过宏观经济增长就能自然实现涓滴式发展的理论那样容易。推进共同富裕不仅仅是收入增长问题,它还涉及根本的体制机制和国家发展方式问题,不亚于是一次重大的社会变革和思想转型。在悠久的传统文化影响和特殊历史时期的发展过程中,再叠加从传统向现代转型和发展跃进的改革进程中,推进共同富裕所带来的社会心理影响是明显的。

　　在人类发展历史上,虽然各个国家的制度体系、发展历史和所处阶段千差万别,但致力于实现共享繁荣是人类社会的普遍追求。既要公平又要效率;既要发展又要共享一直是人类发展的努力目标。在今天,我们从一个更高视角提出中国特色的共同富裕目标,期望通过包容性增长和高质量发展来解决更宽泛的共享发展问题。仅观察收入增长显然不能看清中国共同富裕的本质,而必须要放到一个更加宏大的历史与现实、国际和国内视角去看待。事实上,共同富裕给我们提供了一个视角来看待整个国家的改革发展问题,我们研究共同富裕不是简单地回到收入差距这个小问题上来,而是真正从共同富裕视角来分析国家发展模式、经济增长方式和公共政策运行中的现实问题。可以说,共同富裕从来就不仅仅是经济问题,而是涉及社会问题和政治问题,在当今百年未有之大变局下则更是如此。

党中央早就开始谋划全面建成小康社会后的重大战略问题,我于2018年9月参与了相关机构委托的"开启第二个百年目标,实现共同富裕的制度选择和实现路径研究"。2020年10月党的十九届五中全会正式把共同富裕作为国家重大战略,要求到2050年基本实现共同富裕。2020年12月,我申请的"到2035年共同富裕取得实质性进展远景目标研究"获得立项,成为新时期共同富裕的早期研究者之一。从2018年开始专题研究共同富裕问题以来,这几年我陆续承担了相关单位的研究工作,2021年也参与了相关政策的学习讨论。

在中央财经委召开关于共同富裕的会议之后,社会各界与许多专家在不同领域都必谈共同富裕。在各类企业、研究人员和群众都参与进来后,自然出现对共同富裕各种不同的认识。共同富裕是国家重大发展战略,也是研究者参与国家发展改革事业的良好契机。本书仅以研究者视角来审视相关内容和背后的逻辑,研究了一些理论与政策问题,并引发了对我国共同富裕问题的思考。本书是我过去几年的研究结果,期望能给我国共同富裕研究事业添砖加瓦。真理越辩越明,也希望随着更多研究力量的加入,对相关问题的研究有更加准确清晰的把握。秉持面向全局性、战略性、前瞻性重大问题的原则,我邀请了国内这方面的专家合作推进这方面研究,希望发挥各自比较优势,以努力形成兼具学术性、对策性、储备性的研究成果,为顺利开启第二个百年新征程提供支持。从 2016 年开始我一直在思考关于资本与财富分配的相关问题,一直筹划关于资本的力量这本书,但因各种原因一直被耽搁下来,不过在写作本书的过程中,却也厘清了一些问题。

亲历人类历史上海量人口的全体人民共同富裕事业,我们深感荣幸。全球范围内我们是第一个以国家战略形式明确提出具体时间表的国家。如何在效率与公平之间找到一条顾此及彼的道路,如何高标准可持续地推动发展和共享,目前还没有公认的能放之四海而皆准的实践经验。共同富裕是社会主义的本质特征,目前中国改革开放的努力和坚持,或许能为世界探索出一条出路,但这条探索之路目前还不是人类发展的终点,前面的路或许还很长,需要我们久久为功。

本书是我这几年的所思所想,从历史、理念、现实以及相关的制度逻辑尝试理解共同富裕,希望有助于研究者探索公平与效率、发展与共享的中国特色新理论,也期望能对现实政策和相关决策能有所裨益。但限于个人能力水平有限,很多问题论述得不够清楚、相关观点也可能存在错误,尤其本书定位是现实对策性研究,是典型的应用性写作方式,难以对一些问题有思想性解读,也难以对背后的一些政策逻辑做更深入分析,这种浅尝辄止也希望读者多批评。在写作过程中也存在很大遗憾,毕竟对共同富裕这么宏大的主题,很难通过一本书就能深入分析其中的所有方面,对共同富裕面临的现实问题只是点题为止,并未深入展开,而诸如浙江省关于共同富裕的实践案例和第三次分配的内容也几乎没有涉及。

本书写作过程中得到很多专家的帮助和指导,感谢宋晓梧教授对本书观点的指正,宋老师还专门为本书写了序言;感谢李实教授多年来以各种形式直接和间接的支持,没有李老师就没有这本著作;刘浩研究员也是本领域的权威专家,本书立意最初就来自他们的直接指导。在研究团队中,张斌研究员、蔡宏波教授、顾严研究员、张燕研究员、蒋震研究员、朱梦冰老师等给予了很大支持。陈基平和王盈斐参与了本书相关章节的写作与讨论,并承担了很多数据收集、整理与分析工作,吴珊珊、张尉、闫里鹏、张钰丹、刘洋在案例方面也补充了部分素材,在此一并致谢。感谢团队成员过去几年内的辛勤工作和无私奉献,感谢许多专家通读全书并提出了不少宝贵建议。感谢人民出版社郑海燕主任纠正了书稿中的若干错误。因为时间关系,本书关于共同富裕研究的观点、结论等难免还有各种问题。需要说明的是,本书内容和观点不代表任何相关机构、组织或个人,文责自负。

万海远

2021 年 9 月 19 日